德语上海小说翻译与研究系列　张帆主编

台风登陆上海

［德］弗里德里希·李希特内柯／著
陈丽竹　张帆／译

世界知识出版社

图书在版编目（CIP）数据

台风登陆上海 / 张帆译著. —北京：世界知识出版社，2019. 9

（德语上海小说翻译与研究系列）

ISBN 978-7-5012-6114-7

Ⅰ. ①台… Ⅱ. ①张… Ⅲ. ①长篇小说—德国—现代
Ⅳ. ①I516. 45

中国版本图书馆CIP数据核字（2019）第189304号

书　　名　台风登陆上海
Taifeng Denglu Shanghai

作　　者　［德］弗里德里希·李希特内柯 / 著
译　　者　陈丽竹　张帆 / 译

策划编辑　贾如梅
责任编辑　刘　喆
责任出版　赵　玥
责任校对　陈可望

出版发行　世界知识出版社
地址邮编　北京市东城区干面胡同51号（100010）
网　　址　www.ishizhi.cn
电　　话　010-65265923（发行）　010-85119023（邮购）
经　　销　新华书店
印　　刷　北京旺都印务有限公司
开本印张　880毫米×1230毫米　1/32　7¼印张
字　　数　157千字
版次印次　2020年12月第一版　2020年12月第一次印刷
标准书号　ISBN 978-7-5012-6114-7
定　　价　38.00元

（教育部备案）

上海外国语大学中德人文交流研究中心

系列成果

总 序

张 帆

大概是五年前，我参加了一场上海市政府决策咨询专家会，会议谈论的焦点多是经济发展、城市建设、社会管理、科技金融、文化产业等对接国家战略的应用性话题，文学俨然是这场学术盛宴中不合时宜的“零余者”。时代发展，对学者提出了更高的要求，一场“书斋里的革命”看似已是必然。可是，对于我这样一个多年从事德语语言文学工作的教书匠来说，学术转型，谈何容易。知识、思维、学养已然定型，离开文学本行的学术越界，无异于飞蛾扑火。思来想去，选定了一个较为折中的方向，姑且一试——围绕上海文化，立足文学阵地，利用德语优势，研究城市形象。

依照我的粗疏理解，文学形象学研究，尤其是跨文化的比较文学形象学研究，可以拓展文学研究的内涵，即从审美的途径延展到文化学、社会学、人类学、传播学、政治学等诸多领域。研究德语文学中的上海形象——乌托邦之美、恶托邦之罪、异托邦之实的书写，辨识小说中的“语词上海”与历史现实中的上海之间的叙述裂隙，揭示上海自开埠以来德国作家对上海的想象、夸饰、曲解和征用，进而分析德国文化之于上海形象、海派文化乃至中国观念的建构和演变历程；同时，反观以上海形象为表征的海派文化在何种向度上因德语文学的传播，参与和影响了近现代德国现代性的构想和进程。就目前“上海学”研究而言，这是一个颇有挑战性的新话题。这一越界研究自然有其他学科无法比拟的优势，文学作为一个城市无可争议的精神地标，对于文化形态及其包含的文化关系的把握，其价值绝不在史学资料铺陈和社会田野调查之下，相反，其通过更有意蕴的审美感受，言有尽而意无穷的想象空间，在一定程度上展示出更为宏阔的价值和意义。

开埠后的上海作为东西方文化、传统与现代文明交汇之地，成为西方人对中国想象最典型的具象符号。毫不夸张地说，有“万国博览会”之称的老上海以一城之力投射全球风貌，是当时世界文学和电影的最佳取景之地。“上海主题”，或者更确切地说，“上海传奇”，作为叙事母题曾风靡欧美。正如王德威在《想象中国的方法》中所言：小说之类的叙事文体，“往往是我们想象、叙述‘中国’的开端”。[①] 而“上海，连同它在近百年来成长发展的格局，一直是现代中国的缩影”，是其他任何城市难以匹敌的，它“提供了那用以说明现代中国已经发生和即将发生的新事物的钥匙”。[②] 因而，“上海”已不仅仅是一个单纯的地理名词、故事的背景，而是一个承载着丰富内涵的文化符号，构成故事的核心要素，拥有独立的叙述功

---

① 王德威：《想象中国的方法》，百花文艺出版社，2016年，第5页。

② 罗兹·墨菲：《上海——现代中国的钥匙》，上海人民出版社，1986年，第4—5页。

能，并“为它的书写者提供着语言、经验和叙述”。[1]就此而言，“上海小说”充当了西方想象中国的重要媒介，作家们勾勒出一个个他们心目中的上海乃至“中国”形象。借用法国当代形象学家达尼埃尔–亨利·巴柔的说法：形象是一种象征性的语言，一种承载着特殊文化意义的符号。[2]

事实上，在中国现代性的进程中，大上海云谲波诡、风起云涌，改良在上海，革命在上海，运动在上海，战争在上海，改革在上海，发展在上海，奇迹在上海……中西方知识分子云集在天堂和地狱的交汇处、天使和恶魔的混居地，思想文化交互激荡，多语种“上海文学”应运而生，展示了“文学上海”的世界性：眼花缭乱的异域风情，荡气回肠的爱情体验，命悬一线的历险，光怪陆离的奇遇……那些浮动在叙事与人物之间难以言喻的风光与情调，成就了一个都市的传奇，更近于呈现老上海的原汁原貌，是任何怀旧照片和资料都难以还原的。多语种“上海传奇”的广泛传播，宣传和强化了人们对上海的固有印象——魔都、东方夜巴黎、冒险家乐园、十里洋场、地狱上的天堂……在西方主导的话语格局中，老上海被固化为愚昧落后的“被启蒙者”。正如巴柔所言：“形象的一种特殊而又大量存在的形式”就是“套话”，而“套话”使得形象这一原本多义的文化符号逐渐演变为只表述单一文化意义的“信号”，从而建立起自我区别于“他者”的有效机制，并将在“二分法”

---

① 高秀芹：《都市的迁徙——张爱玲与王安忆小说中的都市时空比较》，载《北京大学学报》2003年第1期。

② 达尼埃尔–亨利·巴柔：《形象》，载孟华主编：《比较文学形象学》，北京大学出版社，2001年，第157—159页。

的对立或对照关系之中发挥作用。①

显然，“多语种上海小说”建构起的近乎“套话”的价值评判使上海形象屈从于“他塑”的尴尬境地。作为社会集体的想象物，套话“高度浓缩地表达了一个民族对异民族的认识和感受”，且“一旦形成就会融入本民族的集体无意识深处，潜移默化地影响着本族人对异国异族的看法”。② 作为租界地的“宗主国”，英、法、日为母语创作的“租界小说”形塑了对上海的刻板性偏见。在已经大量译介的英日“上海小说”或“上海叙事”作品中，各种陋习，举凡烟、赌、娼、淫戏、淫书、无耻、下流、邪恶、坑、蒙、拐、骗、买官卖官、流氓、拆白党、白相人，无一不涉及，而所谓崇洋、奢靡、浅薄，也几乎无处不在，不可避免地有丑化上海形象之嫌。

当然，对于文学图景中这种流行的“上海印象”，德语作家自然也是不遗余力的，现代德语中甚至衍生出了“Shanghai-Roman”——“德语上海小说”这样的专有名词，足见上海题材在德语文学界的兴盛。然而，德国在上海缺乏专有的租借地，加之一战失败的创伤记忆，以及上海作为犹太人流亡的避难之所、西德左翼运动的“乌托邦飞地”、东德意识形态阵营的伙伴等诸多原因，使得德国作家所构建的上海形象，在承继西方传统观念和套话的基础之上，又生发出新的主题、视角与手法，较之英美文学、日本文学等更具客观真实性、情感认同

① 达尼埃尔-亨利·巴柔:《形象》，载孟华主编:《比较文学形象学》，北京大学出版社，2001年，第158—160页。

② 姜智芹:《欲望化他者：西方文学中的中国形象》，载《国外文学》2004年第1期。

性、审美复杂性、文化多元性，呈现出多彩斑驳的“上海形象”，并将海派文化这一“中国现代性”的理念和形态呈献给德国民众。形形色色的“文本上海”在对传统东方想象的解构与戏拟之中，在现代主义或后现代主义的叙事之中构建新的中国知识与想象，赋予现代德国文学对东方名城——上海的独特想象、文化记忆和历史镜像，在总体趋向性中形成了观照上海历史文化与现代性的“德意志视角”。

近年来，我已搜集“德语上海小说”百部/篇，但迄今为止，国内几乎未有译介；概因此类作品大多取材凡俗市井生活而被归为通俗文学，而难入“经典文学”之列，导致少有学者问津。但事实上，通俗文学作为一种模式化的“类叙事”，更能集中展示和承载海派文化的物象化表征，对研究德语文学如何在内容和理念上构建上海城市形象，并受到海派文化的反向传播与影响，是绝佳的素材。

三年前，我和我指导的学术团队开始着手翻译和研究这些精彩的德语上海小说，先期出版“德语上海小说翻译与研究系列”15部，以飨中国读者。该系列德语上海小说经过精心挑选，故事性和可读性强，主要涉及侦探、言情、商战、革命、抗战等题材，以跌宕起伏的好莱坞电影式情节引领了当时德国民众的阅读热潮，如今也将以其异域情调的叙事风格、独特的叙事视角以及丝丝入扣的情节吸引中国读者。它们一改德语文学思辨艰涩的风格，以简洁写实的笔调多维度、立体式呈现洋人、内地人、本帮人、犹太人之间的文化冲突、爱恨纠葛、家国情仇，生动还原了老上海的社会百态与人文风貌。

安娜·西格斯（Anna Seghers）是前民主德国作家协会主

席、享誉世界文坛的反法西斯作家。《安娜·西格斯中国作品集》辑录表现中国革命的小说、杂文、书信、演讲等，其中多篇作品以上海为叙事背景，在国内鲜有译介。如与中国女作家胡兰畦合写的《杨树浦的五一节》，讲述杨树浦的工人代表为庆祝“五一国际劳动节”策划罢工和示威游行的故事。《驾驶执照》以20世纪30年代初日寇入侵上海为背景，讲述一位被俘的中国司机与日本军官同归于尽的事迹。《计秒表》中，以泽克特将军为首的德国军事顾问为国民党出谋划策打内战，但冲锋号吹响后，士兵们却调转枪头，反戈相向，为正义和光明而战。

理查德·许尔森贝克（Richard Huelsenbeck）是德国达达主义主要创始人之一，小说《中国审判》是一部达达主义杰作，讲述了天真烂漫的德国少年埃米尔·布莱克尔曼和饱读诗书的维尔·施拉姆被投机商诓骗来到德国军火走私船“贝克尔市议会”号谋生，却遭到逮捕，审判释放后的两个人开始了在香港、上海等地颠沛流离的求生之路。他们所到之处，在华外国人的百态生活一一呈现：有的倾家荡产、有的成为替罪羊、有的投机发财、有的惨死战场、有的沦为流浪汉，怀揣发财梦的殖民者苟延残喘，前途堪忧……

弗里德里希·李希特内柯（Friedrich Lichtneker）的《台风登陆上海》以德国人的视角原汁原味摹写出20世纪20年代老上海的寡头政治、白人权力和工人革命的风貌。有人绝望地死去，有人一蹶不振，有人飞黄腾达，有人出卖爱情，有人丧失人格乃至国格，每个人的欲望、野心和爱情在一场革命飓风之后，该如何清算……

瓦尔特·佩尔西斯（Walter Persich）的《在上海做出决定》则讲述了一场德国人、中国人、日本人、俄罗斯人在上海、汉口、矿山小镇三地悄然展开的铁矿商战，官员、政客、商人纷纷卷入这场漩涡之中，争权夺利，国家博弈。与此同时，瘟疫的阴云笼罩在小镇上空。这一切是天灾还是人祸？德国商人普莱姆一行人能否带领小镇战胜瘟疫、让工厂重现生机？所有人的爱情和命运出路何在？中国，能否摆脱任人摆布的命运？决定，是否会在上海做出呢？

彼得·施特伦茨（Peter Strunz）的《上海要将我吞噬》背景是1940年前后的上海滩，那里暗流涌动，黑帮势力猖獗。小说标题向读者暗示，主人公的上海之旅暗藏着不安、危险和意外。为什么上海黑帮会绑架施特伦茨这个异乡人？遭遇袭击后的施特伦茨又经历了什么？朋友杜穆深这位神秘人物的真实身份是什么？在真相大白之后施特伦茨又会做出什么选择？小说情节紧凑，悬念迭生。“外滩”“汇中饭店”“黄包车”“黑帮头目”这些打着时代烙印的符号在这位德国作家的笔下显得熟悉而陌生、真实又虚幻。

胡戈·科赫尔（Hugo Kocher）的《苦力、走私犯与强盗——一则来自中国的小说》讲述了年轻的德国神父帕特·赫尔穆特在上海布道、救赎穷人的经历。当时的上海风起云涌，各色人等三教九流，赫尔穆特周旋其间，竭尽所能，不辞辛劳，给远在大山中的传教分站运送补给品。此时，给予他帮助的商人魏路请求神父帮他捎带一些神秘的箱子。魏路究竟是敌是友？神父赫尔穆特在执行任务时会遇到哪些威胁？他在上海的传教之路最终又会走向何方？

弗里德·略夫（Friedel Loeff）的侦探小说《上海恶魔》讲述了一个迷雾重重的案件：英国伦敦的一家诊所内，一名染上怪病的年轻人不治身亡，由此牵涉出另外三起死亡症状极其类似的病例，死者生前均在中国居留些许时日。极具侦探天赋的外交官约翰·罗伊前往上海调查此案。四名死者在上海居留时均出没于一名中国医生的社交宴会和舞会。罗伊以此为线索，一步步抽丝剥茧，最终将狡猾的犯人绳之以法。

罗伯特·雅克斯（Norbert Jacques）的《上海商人》讲述了一出惊险曲折的三角恋，既有东方神秘色彩的马来西亚魔法——血咒，又有中国玄学的意念操控，还有一系列谋杀中国人的案发现场，身心疲惫的男主角奈伊深陷爱情泥潭，又面临谋杀指控，最终洗脱罪名，在恐惧中与心上人逃离魔都上海。

君特·艾尔弗雷德·海因内克（Günter Erfried Heinecke）的侦探小说《上海来客》讲述了一起有关珠宝遗产的连环杀人案。诡异的事情接二连三地发生，几位合法继承人相继离奇横死。作为遗产托管人的律师协助警方查案，接连发现的证据指向两位来自上海的客人。这两位可疑的上海来客身上究竟隐藏着怎样的秘密？杀人凶手能否被绳之以法？连环谋杀案又与那座神秘的东方都市有着怎样的联系？

阿弗雷德·施洛考尔（Alfred Schirokauer）的《上海枪声》讲述了在闭塞的修道院内长大的德国女孩伊莎·霍费尔来上海投亲不成，举目无亲的她遇人不淑，不谙世事的德国少女与沉沦堕落的俄国瘾君子在繁华乱世的“东方巴黎”上演了一段荒诞而又离奇的际遇。东方与西方、闭塞与开放、落后与进步、善良与邪恶、文明与杀戮在上海错位交织……

恩斯特·阿道夫·比尔克豪泽（Ernst Adolf Birkhäuser）的《上海女孩》是一部带有浓厚东方元素的爱情悲喜剧。爱情围绕着眼睛的失明、复明，以及通过手术消除恋人之间种族和血统的差异展开。来自上海富商家庭的女主人公经历人生劫难，对自己的民族以及身份又会产生何种新的认识？跨越种族的爱情能否最终开花结果？

威廉·野原驹吉（Wilhelm Komakichi Nohara）的《埃尔文在上海——一则来自中国动荡年代的故事》以一对德国父子的视角描述他们在上海的所见所闻以及他们救助上海百姓免遭日军战火之苦的艰难历程。书中对于中国传统建筑、文化艺术的描述生动有趣，以德国人的独特视角还原了风韵犹存的老上海风貌。

乔·雷德勒（Joe Lederer）的儿童文学作品《阿凡在中国》围绕瑞士少年阿凡与中国少年阿程之间的友谊展开，他们从最初的互相看不顺眼，到后来成为朋友，再到后来一起经历劫匪事件，两个人相互陪伴、共同成长，纯真的友情不分国界。小说故事发生在20世纪30年代的上海，充满浓浓温情，有亲情、有友情、更有人间真情，是一部刻有浓厚老上海印记的德语儿童文学作品。

乌尔苏拉·梅尔彻斯（Ursula Melchers）的小说《蕾娜特和比尔在上海》以第一人称讲述了德国小女孩蕾娜特在上海的成长经历，及其与英国少年比尔的真挚情谊。两位小伙伴为寻找一份遗失的重要文件，在上海滩冒险游历，见识了上海的民生百态。上海沦陷后，比尔历尽艰难险阻，逃离日本人的魔爪，逃亡前夜，他与蕾娜特约定和平时期再见。战争结束后，蕾娜特一家被引渡回德国，离开了被她视如故乡的上海。多年后，她突然收到一封中国老熟人的信，这封信里究竟写了些什么？蕾娜特为何激动不已，动身前往东方……

汉斯·海因茨·辛茨曼（Hans-Heinz Hinzelmann）的自传体小说《哦，中国：古老道路上的国度——由西向东生命之旅的真实发现》，用富有表现力的语言形象地再现了一个流亡至上海的犹太难民的命运。读者透过作者的第一人称视角，体味犹太难民生活的艰辛，感受主人公最初遭遇文化冲击时的不安和惶恐，并领悟他逐渐理解并接受异乡文化的过程。通过辛茨曼的叙述，中国读者们或许可以从别样的视角加深对本国文化的了解，并对20世纪三四十年代的上海都市风情略窥一斑。

弗兰西斯卡·陶西格（Franziska Tausig）的自传《上海船票》以细腻质朴、略带幽默的语言真实地描绘了身为犹太难民的女主人公跌宕起伏的一生，塑造了一位勤劳乐观、坚强勇敢的独立女性形象。自传中不仅生动地刻画了众多犹太流亡难民的人物形象，还讲述了各国人民在上海的生存故事，勾勒出一幅千姿百态、繁冗复杂的上海多元文化景观。值得一提的是，德国当代女作家乌尔苏拉·克莱谢尔（Ursula Krechel）的著名长篇小说《上海，远在何方？》中的女主人公便是以弗兰西斯卡·陶西格为人物原型创作的。

此外，鉴于“犹太难民在上海”的文学文本相对匮乏，我们编选翻译了《上海犹太流亡报刊文选》，所涉报刊主要收藏于德意志国家图书馆和美国犹太研究机构，国内现有可用馆藏极少。二战时期，犹太流亡难民在上海创办了50余种报刊，我们从其中五份主要德语报刊中臻选出“以上海为叙事主题”的小说、杂文、诗歌等文学作品共140余篇，犹太文化与海派文化历史性交汇与碰撞，呈现出犹太难民感受上海、认识中国、反思自我的心路历程，身处上海的犹太难民之境况悉汇于此。

阅读这些德语上海小说，“上海性”被重新“发现”。外滩大楼、上海大厦、国际饭店、摇着小铃铛的有轨电车、老年爵士乐、百乐门舞厅、咖啡店、石库门、新式里弄、南京路、上海青楼、黑帮大亨、风月明星、阿飞艳史……“魔都”上海作为现代性、国际化大都市的繁华魅影和“上海味道”一览无余。异国文学中的上海文本，以“他者”视角揭示上海作为城市文化载体的多维立面与意义，从而在跨文化的城市叙事之中观照作为中国现代性滥觞的上海文化在“他者”眼中的想象与构建，进而在对异文化与自我文化的镜像式双向审视之中重新探讨、界定上海之于中国现代性的历史及文化意义。

德语“上海小说”无疑是研究不同时期上海乃至中国历史文化的重要文献，对此进行研究将对深化和丰富中国文化的自我认知模式大有裨益。本德语上海小说系列大多创作于20世纪三四十年代，且均为通俗小说和畅销书。这些通俗小说文本在其对日常生活与细节的描述之中成为见证现代上海的重要文献，具有重要的史料价值和学术价值，并将极大丰富和推动德语文学乃至西方文学中的上海形象研究。与此同时，透过文本“夸饰”与“误读”上海形象背后的文化动力路径，有助于中国学者探究这一时期德国的精神文化与民族心理。由此，对现代德语“上海小说”的阅读研究无疑将促进中德文化交流与理解，具有重要的现实意义。

此外，在德语上海小说系列翻译的基础上，我们撰写了研究论著《德语文学中的上海形象》，对近40部作品进行详尽解读，一是便于读者对德语上海小说有更加深刻的赏析和理解，二是推进挖掘德语上海小说的学术价值，为今后出版《德语上海小说研究文库》奠定基础。

“德语上海小说翻译与研究系列”作为（教育部备案）上海外国语大学中德人文交流研究中心的系列成果推出，值此出版之际，我要特别感谢上海外国语大学党委书记姜锋教授、科研处处长王有勇教授、德语系系主任兼中德人文交流研究中心主任陈壮鹰教授、德语系党总支书记谢建文教授的亲切关怀和鼎力支持。诚挚感谢我的导师卫茂平教授，铭记先生教诲，未敢丝毫懈怠。感谢德国弗莱堡大学Achim Aurnhammer教授，柏林自由大学Anne Fleig教授、Almut Hille教授，海德堡大学Gertrud Maria Rösch教授的学术交流与合作；感谢德意志学术交流中心（DAAD）外教Gabriele Otto博士、Maike Lechner女士，奥地利学术交流中心（ÖAAD）外教Andrea Plank女士的语言帮助。感谢国家“万人计划”青年拔尖人才项目、上海市“曙光计划”项目、上海市“浦江人才”项目对相关学术研究的资助。衷心感谢世界知识出版社章少红总编辑的鼎力支持和贾如梅编辑为审稿所付出的辛勤劳动。还要感谢参与丛书翻译和校对的每一位团队成员，她们虽然水平有异，但专注、认真、负责的态度，都值得称赞。因小说原作多为20世纪上半叶的德语旧文，翻译过程中，颇费踌躇的困难不少，如方言俗语、生僻旧字、花体印刷等，虽然我们尽心耗时，细致推敲，勉力而为，但粗疏错漏想必难免，敬请读者批评指正，见谅海涵。

2018年7月于海德堡

译序

鸦片战争后，中英签订《南京条约》，上海成为中国第一个开埠的港口城市。开埠后，西方殖民者、商人、传教士等开始大规模涌入上海，把西方的生活方式也带进了这片古老的东方土地，大到城市建筑和市政管理，小到衣食住行，上海都发生了很大变化。与此同时，大批来华的德国人开始记录和报道关于上海的一切。20世纪上半叶，德国图书市场上涌现出大量的以上海为故事背景的通俗小说。在这些书中，上海是冒险者的乐园、淘金者的天堂，这里遍地黄金与红利，富可敌国的殖民者主宰着这座城市，在这里醉生梦死、翻云覆雨。

在东方主义的理论视界内考察这些文本中的上海形象，不难发现它实质上是西方文化心理投射出的“幻影”，是背后的塑造者借以实现自我审视、自我想象与自我表述的客体。

20世纪20年代的德国正值魏玛共和国时期。作为一战的战败国，普鲁士帝国的荣光不复，新生的魏玛共和国在内忧外患的局面下惨淡经营。工业文明的恶果以及经济制度的内在缺陷，令一部分西方人陷入了对资本主义的怀疑和恐慌之中，这场危机带来的“压力、精神困惑以及人的异化也成为久久挥之不去的噩梦与魔鬼"[①]。与此同时，俄国十月革命的胜利冲击了欧洲原有的政治秩序，帝国主义者一统天下的局面被打破，他们对无产阶级革命表现出仇视和恐慌的情绪。在德国，动荡的社会政治局势促进了思想的活跃，出现了众多的文学创作流派。在魏玛共和国末期的历史背景下，德国内外斗争日益激进，社会的动荡冲突、各方政治力量的并存较量带来的精神危机亦反映在当时的文学作品中。上海的光怪陆离与病态荒诞在一定程度上折射出当时德国社会的焦虑心理。

出版于1929年的小说《台风登陆上海》(*Taifun über Schanghai*)正是这一时期德国图书市场上出现的一部典型上海小说。作者将叙事舞台设置在20世纪20年代的上海，虚构了一场发生在上海的无产阶级革命。统治这座城市的白人——美国人、英国人、法国人等，出于对无产阶级革命的恐惧和对权力金钱的贪婪而千方百计地摧毁这场革命。同时，革命领导阶层内部四分五裂，最终革命被暴力镇压，无数革命参与者因此断送性命。在小说中，各方势力粉墨登场，上海沦为外国资本角逐博弈的舞台。作者以夸张扭曲的笔触刻画了殖民者内部及殖民者与革命者之间的对立仇恨，塑造了一个在资本与权势的烈焰下被异化的"魔都"上海。《台风登陆上海》一书为我们打开了窥察和研究20世纪上半叶德语文学中的上海形象的另一扇窗户。

如学者周宁所言，异域形象作为自我认同的他者镜像，是"一种文化隐喻或象征，是对某种缺席的或根本不存在的事物

① 卫茂平等:《异域的召唤:德国作家与中国文化》，宁夏人民出版社，2002年，第77页。

的想象性、随意性表现”[①]，在“乌托邦”与“满大人”之间反复摇摆的中国形象实则反映了20世纪上半叶西方自我认同的困境：一方面是黑塞、布莱希特、克拉邦德和卡夫卡等文坛巨匠基于“没落的西方”这一精神危机而对中国产生的乌托邦想象，另一方面则是在自身现代性的文化心理优势地位下，沿袭启蒙运动时期黑格尔、谢林、孔多塞等人为中国贴上的昏聩怪诞、停滞不前的“木乃伊”标签。从现代性想象的认知维度延伸开去，在20世纪初期达尔文主义、人种论等思想的影响下，身披进化论这一科学外衣的极端民族主义理论“黄祸论”应运而生。中国人乃至黄种人被理所当然地视为“劣等民族”及世界发展的巨大威胁，这一论调为西方殖民侵略行径披上合乎客观规律的外衣。以德国作家卡尔·迈（Karl May）为代表的 通俗小说家为殖民扩张与帝国主义侵略张目，“愚昧”“无知”“贫穷”“专制”等充满偏见与歧视的关键词在当时的中国叙事文本中找到了温床。欧洲文化心理中的东方崇拜与自身的文化优越感，彼此角力，《台风登陆上海》即是其中之一。

本书以《台风登陆上海》为书名，暗示在风云诡谲的上海，一场风暴“即将”来临、“即将”摧毁一切。每个心怀鬼胎的野心家都在“山雨欲来风满楼”的恐惧中粉墨登场，等待毁灭性的结束。书名中所指的“台风”，正是一场风起云涌的无产阶级革命。小说极力渲染暗流汹涌的革命浪潮，书中的前上海警署总长、法国人杜瓦尔与英国金融大亨基德在晚会上的对话揭示出这场革命的本质：“到那个时候，毁灭性的灾难就会席

---

① 周宁：《西方的中国形象史：问题与领域》，载《东南学术》2005年第1期。

卷我们——毫无疑问，这将是一次垮台和接替。一场台风将会把我们当作残渣一样扫荡而空。”

基德甫一出场，他牛头犬一样的五官、大腹便便的身材以及粗鲁无礼的举止，便为读者塑造了一个只手遮天的“上海教父”形象。他老而弥辣、暴烈狠毒，沉迷于金钱、权力和女色，在妻子年老色衰之后，不知羞耻地将继女霸占为情妇。他无所不用其极，在他的词典中找不到任何与忠诚、善良或宽容有关的字眼。正如他对杜瓦尔所宣称的那样：面对即将来临的风暴，“给谁让位？我们仍然会掌握着权力”。

耐人寻味的是，历史上，在上海最出名的两位西方大亨——沙逊与哈同，恰好也是英国籍。上海著名的地标沙逊大厦至今仍然矗立在外滩的南京路口，中外驰名的和平饭店曾经是沙逊家族麾下的产业。犹太裔的沙逊家族发迹于印度，早在鸦片战争以前，沙逊家族就极力支持和拓展鸦片贸易。鸦片战争后，凭借《南京条约》中的种种特权，家族中的一支来华创办新沙逊洋行，很快成为上海滩最大的鸦片商。后人维克多·沙逊又投身房地产业，成为上海首屈一指的地产大亨。另一名富商哈同同样是犹太裔英国籍房地产大亨，他创建哈同洋行，一掷千金改造了南京路，将之打造为上海著名的商业中心，在全盛时期拥有南京路上半数房产。沙逊家族与哈同在上海的势力几乎吻合书中对基德的描述：“……他每天能掌握上千人的命运——股市在他面前瑟瑟发抖，政府收到他的邀请，诚惶诚恐地为他准备精美的晚宴。这片土地创造的一切有价值的东西都会从他手里经过，他跺脚能生金，一旦需要军队，那么成群的兵士就会为他效力。”一系列的描写不乏夸张，但也

不失为对沙逊与哈同权势的文学想象。

书中另外两位争夺权力的重要角色——杜瓦尔和马林都是法国人。前任上海警署总长杜瓦尔年迈无力，成为基德的弃子；而马林则凭借权谋、心智与女人，成功地从一个巡捕房的密探爬上了上海警署总长的宝座。根据《上海公安志》记载，在本书时间背景的1924年，上海仍然实行“华洋分治”，江苏淞沪警察厅的厅长由中国人担任；公共租界与法租界的警务处则在外国人的掌控之下，其市政机关不受制于中国法律。本书的警署总长在上海滩呼风唤雨：“马林目前名义上还只是刑警科的负责人，但他实际上已经控制着整个上海警署。”其权势的触角无处不在，密探和警察密布全城，殖民统治者在这座城市无所不能、无所不为。“他还牢牢控制着其他地区。一队警局暗探分散在这个城市的各个角落。在这个古老的中国城市中，这些暴徒赤裸着上身，带着闪闪发光的武器出现在那些肮脏的巷道和角落”。作者对旧上海的文学想象进一步呈现出强烈的殖民主义色彩。

书中另一个重要势力是作者虚构的无产阶级革命者。首先登场的混血儿“Y”乃是无产阶级革命派的核心人物，但这位“革命领袖”毫无革命的热忱，他了无生趣、浑浑噩噩，受苏联女间谍马娜引诱才投身“革命”。小说中，“Y”痛恨自己身上的东方血统，视自己为卑劣的黄种人。他一面无法自拔地垂涎基德的继女、英国白人莉莉安的美貌，一面又无法从马娜的纠缠中挣脱。他因自卑而憎恨白人，又因这份扭曲的憎恨而走上革命的道路。“Y”在书中反复无常，时而臣服于莉莉安，时而又燃起革命的斗志。但他无法掩饰自己在莉莉安面前虚弱衰朽的本质，向她泄露革命秘密，并最终惨死于起义中。这一被歪曲的革命者形象是对当时西方社会中国“幻象”的迎合，更是以一种“掩耳盗铃”的方式暴露了西方文化心理中对中国无产阶级革命、对中国工人运动的深深恐惧。

不止于此，作者对革命的贬抑态度在字里行间展露无疑。例如，为了革命而聚集起来的会议在一个破旧不堪的酒店举行，酒店外面的巷子“终年散发着令人作呕的臭味”；参与罢工运动的人“或是眼睛半瞎，或是鼓着流脓的眼泡，踏上了通往自由的大路。这些人带着自己哆哆嗦嗦的手脚，拖着疲惫破碎的步伐，跌跌撞撞从工厂走出来，从夜班岗位上走下来。他们就像一群牲口一样往前迁移，贪婪地呼吸着清新的空气”……凡此种种，可以推断，作者并不真正了解中国人在封建主义与帝国主义压迫下经历的苦难，也不了解志在民族救亡与复兴的无产阶级革命者。殖民主义的恶行被技巧性地掩盖，而殖民主义给中国社会带来的凋敝混乱和蛮荒落后却被大书特书，作者将镜头对准贫穷的黄包车夫、工人和乞丐等社会底层人群，将被剥削者所遭受的苦难视为天生的残缺。“殖民地的人民看起来越偏远、原始和奇异，对他们的剥削和压迫就越合法”[①]，这种带有殖民主义色彩的写作，显然是当时欧洲流行的“黄祸论”和革命仇视情绪的反映。作者通过对自身人种的进步性与优越性的再三强调，在小说中巩固了西方秩序的统治地位，进而赋予殖民者镇压革命的正当性。

小说中的苏联元素及其形象同样值得玩味。作者将十月革

---

① 吕超:《比较文学视域下的城市异托邦》，中国社会科学出版社，2011年，第63页。

命写成了“谎言”，同时塑造了几个苏联方面的重要角色：协助“Y”筹划工人运动的马娜、苏联当权者的欧古林、在边境活动的巴金……表面来看，他们的身份是革命者，但在作者笔下，他们无不各怀鬼胎、阴险狡诈，如马娜以身体为诱饵“煽动”革命；欧古林色厉内荏，被暗杀时浑身瘫软；巴金带马娜进入中国境内，索取的报酬则是马娜的肉体。种种描写传递出作者对布尔什维主义、对国际共产主义运动的误解、敌视及恐惧，这在当时的西方社会也是一种普遍倾向。

本书出版于1929年，小说叙述时间在1924—1925年，那么这场虚构革命的创作灵感也就不言自明。俄国十月革命后，社会主义的崛起令正在经历战争创伤与精神阵痛的欧洲瞩目；在遥远的远东地区，中国也出现了方兴未艾的工人运动和工人阶级政党，20世纪20年代先后爆发的香港海员大罢工、五卅运动、省港工人大罢工以及1926—1927年三次上海工人武装起义，显示出中国工人阶级的战斗精神和组织力量。极端民族主义语境下的“黄祸”阴霾笼罩在欧洲殖民主义者的心中，本书作者在写作中透露出浓浓的殖民主义、种族主义倾向，满足了殖民者的躁动心理与社会大众对中国的异托邦想象，使本书在当时的读者群中获得一席之地。本书或可反证当时国际共产主义运动与中国革命斗争所面临的艰难的外部环境。

小说作者弗里德里希·李希特内柯（Friedrich Lichtneker，1903—1950）是20世纪上半叶的一名德国剧作家和作家，创作了《传说》（Legende）、《波尔奇亚》（Porzia）等戏剧，并在维也纳等城市的剧院上演。他所生活的年代是德国乃至欧洲最为动荡不安的年代：第一次世界大战、德国战败、经济大萧条、纳粹党的恐怖统治、第二次世界大战、二战后的德国分裂。李希特内柯的创作带有显著的时代特征，一定程度地代表了他所处时代的东方想象及其背后隐藏的意识形态期待，“表现了西方现代文化潜意识的欲望与恐怖，揭示出西方社会自身所处的文化想象与意识形态空间”[①]。

《台风登陆上海》作为一本典型的上海小说，为我们提供了了解和研究“德语文学中的上海形象”的一个契机。从学术层面而言，本书的出版具备一定研究价值。它为我们了解20世纪初西方社会对上海乃至对中国的认知及普遍态度打开了另一扇窗户。在德语文学研究视域下，该小说为“上海学”研究与相关的形象研究提供了新的素材与资源，有助于学者还原一个西方视角下多面立体的上海形象；同时，亦有助于中德文学关系这一研究课题的拓展，观照“上海”在德语文学中复杂多变的“他者”地位。

此外，译者与编辑几经考虑，最终保留了小说中具有殖民主义、种族主义倾向的描写，将小说背后的时代特色原原本本地呈现在读者面前。它并不是客观的，在一定程度上甚至是偏狭的，也正因如此，这部小说具备了特别的阅读意义。我们以李希特内柯笔下荒谬怪诞的“上海”为出发点，站在历史的高度回溯中国形象的变迁，不难发现，东方主义陈旧的话语框架仍然保留着认知论层面的深层影响力。20世纪以来，中国的觉醒与崛起，正是在西方主导的意识形态话语体系下，突破重围，取得胜利。在争取中国形象“自塑”话语权的当下，这一

① 周宁:《西方的中国形象史：问题与领域》。

认知或可帮助我们更清晰地理解中国形象在传播与构建中遭遇的历史泥淖与舆论困境，并启迪我们应在何种程度、以何种态度应对当今西方媒体传递的中国形象，以讲好中国故事、传递好中国声音的“自塑”，抵消长久以来的“他塑”怪圈。此即为本书出版的又一份初衷。

最后，需特别说明的是，由于作者对中国具体情况缺乏详细了解，不少细节系虚构杜撰，又对诸如俄罗斯、苏联等历史概念未进行细致区分，致使书中偶有行文晦涩、指代不清之处。为最大程度地保留原书样貌，我们在忠于原文的原则上进行了认真的校改。尽管如此，疏漏恐仍在所难免，恳请读者海涵、指正。

小说主要人物（按出场顺序）：

马林：上海警署警员、警署总长

莉莉安·碧雷斯：上海富商基德的继女

玛贝尔·基德：上海富商基德的第二任妻子

杜瓦尔：上海警署总长

约翰·基德：欧洲驻华总商会主席

王先生：中国商人

Y/史密斯：中国革命人

马娜·斯瓦斯科：苏联革命人

娜塔莎：苏联革命人

欧古林：苏联当权者

吴彻礼：马林的密探

老发：马林的密探

封先生：中国革命人

常素林：中国革命人

胡中山：中国革命人

“美元”“英镑”“日元”“银两”：Y的密探

加里克逊：上海最大的国际报业总编

沃林斯基：苏联驻上海领事馆领事

瓦西里·瓦西里维奇·巴金：苏联间谍

马丁：欧洲商人

费加罗：欧洲商人

陶先生：中国商人，基德公司的股东

雍先生：中国商人，基德公司的股东

乔尼：基德的秘书

西格先生：欧洲商人

老高：上海电报局电报员

1

1924年2月28日。上海。

大雨如注，均匀规律而无休无止地倾泻下来。即使在天空干净无云的时候，骤降的倾盆大雨在这里也并不罕见。落在地面的雨水找不到排水口，在地面积起好几米宽的污浊水洼；无数裹着灯罩的霓虹灯明明灭灭，在水洼里投下影子。苦力拖着黄包车颠簸前行，富人们精致的喷漆轿车尾灯闪烁，还有无数的行人——迈着大步的、小跑着的、步伐疲惫拖沓的、匆忙奔走的，泥浆飞溅，落了他们满身。大街的喧嚷和大雨无情冲刷的单调声音像是一味催化剂，渲染起来的绝望的气氛，几乎令人崩溃——从路人一晃而过的脸上，能够清晰地读出这种情绪。在这样的夜里如果找不到落脚的地方，显然就会被淋成落汤鸡。云层里积蓄的温暖雨水冲刷着神经，似乎能够融化内心深处的坚硬。所有人都仓促逃进路边拥挤不堪的小酒馆中。

一个男人往法租界的一间饭店走去。他的步伐急促，极力想往前走，又频频回过头去，似乎有什么人在他背后跟着。他的手痉挛般地放在左边，像是逃犯或者一个被跟踪的对象一样匆忙——无论如何，他看上去绝对不是那种能让人信任的人。从他身边匆匆走过的寥寥行人完全没有注意到他，这四周也看不到一个警察。每个人都在寻找避雨的地方，都在想办法

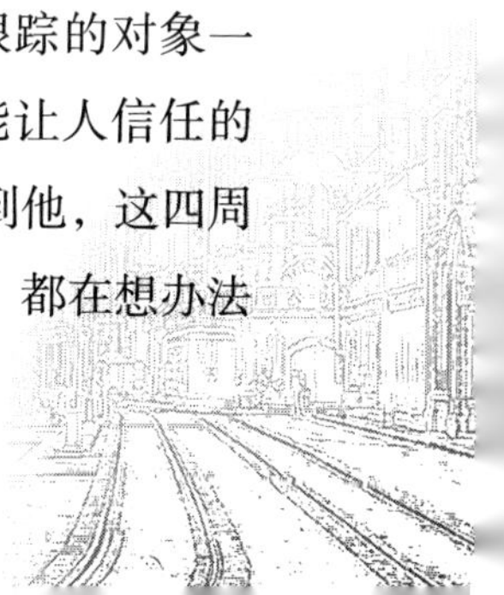

让自己不被淋湿。

这个男人停在了这家饭店门前。他把脸贴在玻璃上，随着旋转门进入了饭店。空间里满是人群、蒸汽和烟雾，气氛压抑得令人难以忍受。大厅里，瞪大的、深陷在眼窝里的蓝黑色眼睛打量着这个闯入者。镜子里反射出他那有些恐怖的模样，像是从苏州河里面打捞上来的一个游荡的水鬼。饭店里面那些明码标价的女人们盯着他嗤笑。众人的注意力让他有些不自在，他迟疑着是否要留在这里，但是反过来想，又要重新冲进雨里吗？或许现在可以回家？不！他想要和人群待在一起，尽可能多的人，他需要这些人！尽管这里都是些不入流的下等人，和“尊敬”或者“名望”绝对沾不上边！如果他现在的状况没这么混乱，他一准儿会离开这群人。黄浦江和“法国码头”都在这儿附近，人群聚在这儿，所有人都得在这儿扎堆。

男人犹豫不决，就在他的头已经半转向大门的时候，人群中发出一阵奇怪的窃窃私语。这个迟疑的男人发现自己已经不再是人群的焦点，他不由自主地抬起头来，随着众人的目光一起看过去。

一个身穿晚礼服的女人站在门边，几乎不敢跨入这个饭店。而这个刚才还紧张不安的男人却愣在了原地。

刹那间，他听不到娼妓压低声音的辱骂，听不到她们的客人下流的玩笑，听不到嘈杂的嗡嗡蜂鸣，也看不到那些低俗的、赤裸裸的目光，看不到这个饭店里的一切。在他的眼前，唯一能看到的，就是这个女人。她仓皇又无助，充满犹豫地站在门口，迷茫地看着这个充斥着酒精和贪婪性欲的喧哗饭店，目光如同一个受到惊吓的天真孩童。

不再等待，也没有多加思索，男人径直走过去，将她拉了出去，迅速而果断地说道：“您和我都不能待在这儿！跟我来！”他就像找到一个迷路的孩子一般拉起她的手，带她走了出去——这个举动又引起了众人的一阵骚乱。

在饭店门口还停着一辆轿车，或许这个女人就是乘着这辆车来的。他牢牢握着这个六神无主的女人发颤的手坐上车去，对司机说道：“去浙江路，美国酒吧。”他转过头对女士说：“不必担心，我会向您解释一切。”他把对方拽到车里来，轿车发动，向前驶去。

在车上，两人一路沉默。他从她的身边稍微挪开了一些——尽管他的衣服已经开始干了，但他十分谨慎，不愿给对方造成任何不便，尽全力避免给她留下任何不规矩的印象。

女人慢慢回过了神，朝他投去羞怯的一瞥，而对方正直直盯着前面。车里并没有开灯，她几乎什么也看不清。雨击打在车窗玻璃上，街灯微弱的光芒透进来，昏暗中仅仅浮现出一个清晰的脸部轮廓。除此之外，这位女士，或者说这位少女，对这个让她无意识跟着上车的男人没有任何印象。猝不及防又仓促草率。她拼命回忆，也无法准确记起这个男人的外貌——这完全是一场突袭。

马达呼啸，急雨击打着车窗，街道上被车窗削弱的喧哗想要从外面挤进来。两个人急促的呼吸声听上去异常粗重，甚至像是喘息。在这个陌生人身边，她感到一瞬间的不安和恐惧，想要说点儿什么，但又克制住了，她重新陷入思考。

他揣测着她的想法，用一种罕见的、骑士般的语调说道：“您想去什么别的地方吗，我的女士？”

而这位“我的女士”并没有马上回答。这个男人说的是英语，但他是个法国人，她从口音听出来了。法国人。很好——她想去哪儿？她真的知道吗？她像发烧一样颤抖着，男人察觉到了她的战栗，朝她转过脸去。他只能看到一个模糊的阴影，窗外一闪而过的霓虹灯在刹那间照亮了对方。然后她平静而镇定地说道：“听您安排。”

英国人。他从她的语调中得出结论，流畅地回答道：“谢谢您的信任，我的女士。我将会努力得到您的信任。”他的语气温和，又带着一丝不确定。女人心里徘徊的不安逐渐消失，她几乎以为自己是安全的。但紧张并没有消失，她每分每秒都还在与之抗争。

轿车嘎吱嘎吱地刹住了。这段路程让人镇定和安稳下来，这正是她所希望的。这样的昏暗环境也如此惬意：坐在一个人的身边，你既不认识他，也看不清他，但你无须害怕他。他就在身旁，不会令你感到压力，也不会让人感到孤独，这一切都符合她现在的需求。她刚刚还试图靠近些观察他，而现在却完全打消了这个念头，这样的陌生和刺激吸引着她。“兴许我们可以继续绕着城市兜风。”

她的同伴命令司机继续往前开。汽车往后一顿，再次发动马达快速地驶过了两侧的街区。

两个人之间的气氛变得更加轻松。“在我们稍微放松些之后，”陌生人开始了新话题，“就可以完成一些必要的事情了。”

“您说的是什么？”女士询问道。

“很简单。我得向您解释一下我刚才的行为——那可不仅仅是‘有些特别’那么简单。我得承认，我刚才简直是强迫带您离开。但我知道我在做什么。希望您能听我解释一下，我为什么会这样仓促又突然地将您立刻从那个饭店里带走——在那儿我也相当不习惯。”

她打断了他：“‘也’？您这样说是什么意思？”

“我猜测，一般情况下您不会去那种地方。”

“您又是怎么知道现在是‘特殊’情况呢？”她声音颤抖而微弱地问道。

他回以一个短促但绝非讥讽的微笑，紧接着用最为严肃的语调说道：“您引起了轰动，您没发现吗？您难道认为，面对着待在那儿的那些货色，还有谁想要引起他们下流的兴趣吗？在这群可怜虫之间只能堕落，这个饭店会把您一片片吃干抹净！也许您会惊讶，您竟然会从我的嘴里——在那种地方遇到的人的嘴里听到这样的话。”

“人们通过环境来判断女人，而对男人则没那么刻薄。”英国人讽刺道。

英国女孩！男人心想着，却又在心里做出了评价：一张年轻人的嘴，说的却是老旧过时的女人之间的粗话。“很好，”他敷衍着回答道，又继续说，“我当然知道您迷路了。是的，迷路。看上去就是这样。而我在这一瞬间已经经历了许多事情：我看到一只野兽，凭着本能，嗅着这个把自己套住的陷阱；我看到一个从安逸中被驱逐出来的人失去自我……”

他停了下来，而这个年轻的少女也沉默了一阵，接着她轻不可闻地问：“然后呢……”

他注视着她，发现对方也看着自己。这个白种女人的脸庞

点亮了昏暗的车厢后座的逼仄空间。她透过街道上昏暗的灯光注视着他。司机的后背在他们前面隆起一团黑色的巨大的阴影。

“然后我做了什么，您已经知道了。”他声音低沉，“您绝不能待在那里。但您还是到了那里，因为您太匆忙、太疲惫了，您大概一步都不能往前走了。而我，也想要休息。”——他停了下来，他知道自己说得太多了。

“您也——”她惊讶地开口。

两人又沉默下去。

“您有什么兴趣吗，我不……”

他没有让她说下去：“我也不明白，您为什么这样盲目地听从和信任我。我很可能是一个贩卖女孩的人贩或者强奸杀人狂。”他笑了起来，又道：“您不必害怕。我们只是想了解那些我们永远无法探知的原因。无论您还是我，都不希求探寻自我——至少在那个令人起疑心的饭店里。我拉着您离开了那里，我必须这么做；而您也跟着我离开，因为您也必须这么做。很难说这是双方都自愿的事情。我并没有那么博学，也不是什么哲学家，我没时间去研究那些让我们毫无意志就缴械投降的事情。我只是猜测——或许一个人的人生轨迹早就已经注定。”在说出最后一句话的时候，他显然加重了语气，以一种相当坚信的口吻说了出来。接着，他又带着仓促和迸发的激情说道：“人们总会做一些错事，当人们开始做这件事情之后又会自问为什么。但万事必然如此，不惜一切代价。”他说到这儿，突然停住。

刚才的雨淋透了女人的背，她有些局促地在座位上不断换着姿势。

“现在您一定认为，我至少是个谋杀犯。”法国人试着这么恐吓她。

“但您被跟踪了。”她的声音支离破碎，尽量将自己缩在角落里面。

对面的人爆发出一阵爽朗的大笑:“您真是个天真的孩子!”

“您必须告诉我这一切是怎么回事！”她加重了语气。

他握住了对方想要挣脱的手，说道:“放松点儿，我的女士。现在和您打交道的这个男人和您臆想的可是两码事！我要求您向我坦白了吗？不知道您是谁，也不知道您在我的生命中造成了何种意外——您看，这一切让我不安了吗？”他更加用力地握住了她的手。

“您决不能问我这世上关于我的任何事情，否则我就从车里跳出去！”她战栗着，无意识地紧紧抓住了面前的男人。他知道，她绝不会从车里跳出去，甚至坐得比刚才还要坚定。

“我也不会再询问任何事。”她的声音就像一个顺从的孩子，“我希望您待我仁慈一些，”她恳求着，“我不知道我应该从哪里迈步，在我面前只有一片黑暗。您无法理解我，我知道。我不害怕您，请相信我。也许正是与您度过的这一个钟头，也许正是之前还让我感到可笑和惊恐的那些东西。现在我甚至知道，您也许是一个谋杀犯、一个窃贼或者任何一个什么人，但这一切对我来说都没有任何意义了。”

他们沉默下去。第一次对话就这样结束了。对于两人来说，这就像是邂逅中的一段停顿，这次邂逅与最开始的冒险又有了明显的区别。他们这会儿没什么可说的，两个人的心中都

各有阴影——他们的生命只有一个晦暗的轮廓，因为迷路而消失在了尘埃之中。她因为这个男人又紧张起来，窗外的灯光偶尔迅速地一闪而过，她显然受到惊吓，又退回到黑暗中去。她在害怕什么东西吗？难道有什么东西没能在自己的身体里藏好吗？这对两个人来说，是一次双向的托付，但人性中兽类的直觉则倾向于让人抛弃责任感。这是对自我的背离，甚至可以说是逃离。

这个眼下坐在陌生男子身边的少女兴许还从未被触碰过，这个男人可以亲吻她，他的手臂可以粗暴地环住她、蹂躏她，然后无情地丢弃；而她只能眼睁睁看着这一切发生。也许她是个毫无情感又愚蠢的人，但她或许会完全屈服于动物的本能，让自己完全被欲望所驱使——这个男人感受着她的存在，静静听着她的呼吸，脑子里却萦绕着这些念头，正如将他吹得有些昏沉的一阵热风。

他们漫无目的地绕着街道和小巷前进。马达无意义地呼啸着，司机笨重地坐在驾驶位上，倾斜着身子，不知道要开到哪里。车速一会儿快得能把人甩出去，猛一个刹车之后又匍匐蠕动，往前滑行着。他不知道要去哪里，而后座上的两个人同样也不知道。

“您是如何设想这个结局的，我的女士？”

法国人倾身问道。

“什么结局——”

“我们这段邂逅的结局。”

“我不知道。”

“那么我们就待在一起。”

“也许吧。”

又是一段让人打呵欠的沉默——这次就像潜伏一样，然后有人打破了这个沉默：“我们可以找个小酒馆，然后在那里磨蹭到天亮。”

“不。”

“这样也好。”女士的陌生骑士心里想着。他感觉自己轻松些了，他的不安、不自在的念头和所有决定他情绪的东西，就像一个跟踪者在恶劣的天气里穿过城市，最终被令人作呕的潮湿泡得发软一样，都从他身上消失了。一个个新奇又充满活力的念头涌上脑海，锐利的风将他脑子里聚集的沉沉乌云驱散开，缓缓在他晴空一般的思绪中化为薄雾。他回想起几个钟头之前几乎要将他撕碎的东西——多余的、夸张得可笑的、偏激的、与他的生活方式相矛盾的。现下，他心里充满了快活，他心灵中浪漫的情感又重新复活。但他并不会因此激动得无法自抑，事实上他对自己还有一定冷静的控制力，这恰恰与他的天性以及他那不怎么妥帖温驯的生活方式相吻合。

就在他对自己做出评价的时候，也没有忘记身边的女伴。她看上去也并不那么沉稳自在，对这个男人而言，她也是桩棘手的意外。这会儿的情况绝不简单，她心中有些费解的念头——这是她的命运，可是谁知道呢？今晚的事情兴许无足轻重，兴许会改变她的一生。一切都取决于她对生活的态度和现下的心境。

这位聊得正起劲儿的先生却想起了四个钟头之前发生的事情。他甚至这样想到：一个人站在面前脱帽敬礼并对你说：“您是一个知道生活如何艰辛的人，或者您已经成功渡过了难

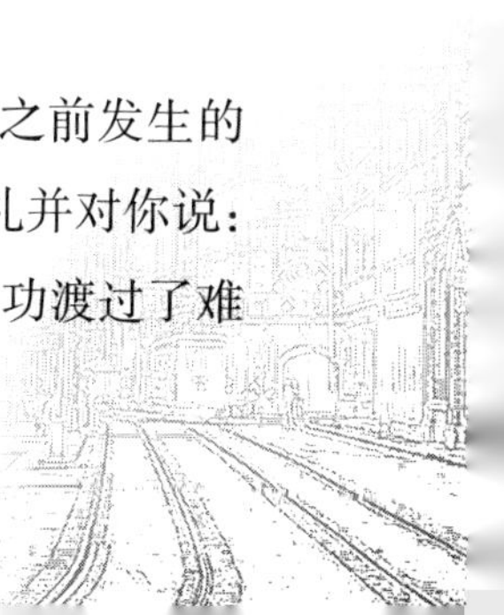

关——或好或坏，或聪明或愚蠢都无关紧要；您简直是一头猪——为什么不做一只蠢牛犊？”这简直毫无意义。他想到这里不由得在心里嘲笑起来，感到一阵愉快，他知道他有这样的优越感。他的手脚感到有些发痒。他现在带着这个女人既无休止，也不受任何监视地一路游荡——他想，自己和她之间总得发生点儿什么才对。他喜欢她，甚至比“喜欢”再多一点儿，她给他留下了野性不驯的印象。她要将他从愤怒中撕裂，将他磨碎。他不能再继续这没意义的事情了。而且这位司机——如果他是个美国人的话，现在一定已经受够无意义的游荡了。他会把车停在上海这个最危险、最可疑的地区，把他们扔在大马路上，因为一个男人和一个女人在晚上坐着出租车游荡，根本就是一件不知廉耻的事情。

他开口了。言谈幽默，措辞混乱，思维颠倒，直到面前的女士开始有些晕头转向、完完全全被带入到他的话语所编织的网络中，变得醺醺然。对她而言，似乎做这件事情又是为了去做另外一件，或者这么说：他们在烈焰面前谈笑风生，而解决的办法是从后面五层楼高的地方跳下去。这种逻辑符合她身上女性的气质，对于身边的男伴而言，这不啻是一个新大陆。他的欲望被唤醒，而理智也无法维持冷静。他不仅嗅到了女伴身上的体香，而且还察觉到了那无法深入的复杂心绪。它存在于血液中——不仅是女性的天然优势，而且还有人性难以参透的特质。贪欲和理智相互碰撞挤压，直到冲上顶峰，成为一种迷茫的情绪。

汽车猛然一顿，停在了路上，两人都感受到了这股冲击力。

“现在我们去做点儿别的事情。”绅士从车里走出来，礼貌地提议。他们停下的地方是一条狭窄晦暗的小巷子。大雨仍然还在下，单调的声音毫无波澜。风度翩翩的骑士灵活地打开车门让女伴下了车，让她等在一个相对明亮的走廊上。他将司机从车里拖了出来，狠狠打了一顿。这个握着方向盘的男人可不是什么好东西，这里也不是美国酒吧。紧接着一个过分热情谄媚的中国人从里面走了出来，卑躬屈膝地接待两位贵客——显然这两人的到来让他似乎有些吃惊。

“您一定不希望被打扰，我的女士。”男人对她说道。

她没有回答。当她想要说点儿什么的时候，两人已经置身于一个狭窄而奢华的房间中，那个男人正站在她对面，用一种无礼的、探究的目光看着她。

这个男人年轻矫健，身材高大修长，有着结实的前额和一头浓密的头发。他的眼睛充满生机又狡猾，而嘴唇既不性感也不古怪，而是紧紧闭着。与之相反的是那稀疏的、按巴黎最时髦的样式修剪的胡髭——与他漂亮的额头一样令人注目。

也许她用另一种方式在打量着他，她希望能看到另外一个他。

她只是一口一口喝着酒，双眼一刻不曾从他身上离开。他们始终注视着彼此，甚至忘记了说话。

尽管她大大的眼睛周围已经被染红，她那光滑的头发凌乱地变成一缕一缕耷拉在额前，美丽高挺的鼻子上，鼻翼正微微发颤，那小小的、富有感情的嘴唇颤抖着，她也没有因为眼前的男人而失去自我。这个肩膀窄窄的少女身上还有许多尚未了解也不愿吐露的事情，让男人屏住了呼吸。对她的外表的瞬间判断，还有那些混乱的、令人迷惑的事情，让她有了一种罕见

的、令人难以自控的魅力。精致的面容和从未被人触碰的年轻身体形成了一种不同寻常的强烈对比。

男人的脑子里现在只想着一件事——贯穿眼前的女人，占有她，享受她。

她不再小口小口地抿酒，而是大口喝了起来，并不是因为周围那呜咽着的悲伤音乐，而是因为一切都必然走到这一步——她简直一点儿都不浪漫，对吗？不，她喝着酒，只是因为她被往前推着走了，她在那让人迷茫的感伤中获得了解脱。

“我们永远不应该从别人那里知道，一个人究竟是什么样……”男人拥抱着她，嘴里说着，“我爱你。”——除此之外，他不知道还应该说什么。而她几乎感觉不到自己的存在，感觉身边所有的一切都已经停止。她变得疲惫起来——相当疲惫。她直直地跌倒在桌上，哭泣着，大笑着，像个孩子一样用眼睛看着这一切；她紧紧咬着牙关，紧闭嫣红充血的嘴唇，僵直地伸展着自己的双臂……

2

同一个夜晚，东部时间二十点——确切地说是这位小姐突然出现在法租界饭店的三个钟头前。

“总有一天人们会发现，人生比他们想活的时间还要长得多。”玛贝尔·基德夫人疲惫而若有所思地说道。她站在露台上，俯瞰着楼下精心打理、植株茂盛的花园，今夜的宾客都在花园中来往谈笑。

“我可没有误会您，基德夫人。”上海警署总长杜瓦尔赞同道。

“我的丈夫却不想理解我。”她沙哑地笑了起来，略带责备地看了一眼丈夫基德先生。

杜瓦尔向基德投去一个礼貌的不赞成的目光，而基德先生只是将自己的身体往沙发里陷得更深了一些，做作地让自己的肚子堆叠成一个不自然的角度。他那牛头犬一样的脸上裂开一个扭曲的笑容，在那膨胀的脸颊上几乎找不到眼睛，扁平的鼻子压在上面，大张的嘴里面露出了洁白透亮如同食肉动物一般的牙齿。他喉咙里发出了一个沉闷的音节，或许是对他们谈话的哂笑。

这个男人的姿态显然对女士构成了一种冒犯。她对于自己的情绪波动和伤感显然不懂得如何遮掩和修饰，就像她的脸一样，涂抹得花哨俗气，这份妆容显然暴露了主人急躁又有些难堪的目的。

杜瓦尔企图将他们的谈话引到另一个方向去：“我们都或多或少生活在火山下，并且总是在害怕我们所有的工作、汗水和紧张有朝一日会被一次突然爆发的炽热岩浆所毁灭……”

基德先生刚才几乎不曾参与到自己的夫人与警署总长的聊天当中，只是僵硬地盯着窗外，而现在似乎对这个话题变得有点儿兴趣了。他的目光落到杜瓦尔身上，仔仔细细地打量了他一阵。杜瓦尔先生的头发夹杂着银灰色，身上有着优雅的高级香水的味道，即使他本人从来不把外形放在心上，他看上去仍然相当精致、保养得当；而基德，这位无论如何都与他站在对立面的来自不列颠的东方巨鳄，却对眼前的杜瓦尔产生了一丝罕见的敬意。

“有趣的比较。”基德先生开口了。

“人们能够举出一打这样的例子来。”警长先生说，“结果总是相同的。”

基德先生往前挪了挪他肥硕的身体，探了探那显眼的头。他看上去像某种动物——像一只大猩猩。他什么也没说，只是看着杜瓦尔。

警长先生耸了耸肩：“但对于那些趁我们睡觉发起突袭的，我们什么也不能做，什么也不能阻止。”

睡眠让人变得没有防备。而基德先生却不是对生活的突袭毫无防备的人。他有足够多的敌人——或许他的一生只有敌人。所以他从来不会大意，他只会击败和毁灭他们。

基德，欧洲驻华总商会主席，他每天能掌握上千人的命运——股市在他面前瑟瑟发抖，政府收到他的邀请，诚惶诚恐地为他准备精美的晚宴。这片土地创造的一切有价值的东西都会从他手里经过，他跺脚能生金，一旦需要军队，那么成群的兵士就会为他效力。“对于那些趁我们睡觉发起突袭的，我们什么也不能做，什么也不能阻止。”杜瓦尔的话飘进他的思绪，“……我们的死是一次缓慢的衰亡，一次安静的毁灭，永不停歇的死亡，一个已成定局的结束。”

玛贝尔夫人的脸上褪去血色，在这苍白的粉饰后面，皮肤起了褶皱，容貌也变得丑陋，但她仍然睁大了眼，直勾勾地看着杜瓦尔。

“……到那个时候，毁灭性的灾难就会席卷我们——毫无疑问，这将是一次垮台和接替。一场台风将会把我们当作残渣一样扫荡而空。”

“那就重新开始。”玛贝尔夫人瓮声瓮气地插嘴。

基德先生上下磨着牙齿，他厌恶这女人的声音，她让他感到面目可憎。

“我们就得挪位置了。”杜瓦尔试图卖弄风趣。

“给谁让位？”英国男人的胸腔里发出一阵断断续续的笑声。

“给我们的继承人，那些精力充沛、即将起航的年轻人，他们将沿着我们的航道航行，他们有朝一日会拥有我们今日所拥有的权力。”

基德啪啪拍着大腿：“我们仍然会掌握着权力。”他说着，带着一种令人难以相信的灵活跳了起来。

通往露台的阶梯上站着几位年轻漂亮的小姐，仿佛一阵风吹过，她们的双足几乎没有碰到地面一般轻盈地走了过来。基德重重坐回到躺椅上，急匆匆地向杜瓦尔要了一杯饮料，点燃一支烟，向着天空缓缓喷出一口烟雾。

“一个美好的夜晚。”莉莉安·碧雷斯小姐开口说道（她随母亲玛贝尔夫人姓）。她转头对玛贝尔说：“妈妈，我正在找您。”随即才开口对基德说：“爸爸，您一点儿都不关心您的客人。您应该多和他们说说话，好让他们知道，和您说话的时间是不多的。”

基德瞪着凸出的眼球，直愣愣地看着眼前的少女，他好像被这个年轻的、散发着青春气息的少女肉体所诱惑——每当他这个做父亲的看到她，都是这副反应。但他必须和她住在一个屋檐下，因为她是他夫人的女儿。这种情况已经持续好些年了，而这个男人只能将这种命运牢牢锁在心里——与金钱或者权力欲望完全无关的命运。

“您难道对您的社交没兴趣了？爸爸。”莉莉安的身体往后弯了弯。

基德感觉到他的存在对她造成了困扰，不需要去追究原因。但令他感到耻辱的是，他表现得还不够克制。对他而言，在杜瓦尔面前露出自己失败的一面是一件相当丢脸的事情。而他相当重视这一点：绝不能在杜瓦尔面前暴露任何弱点。他已经做了一些准备和安排。他的思维不由得打了结，只能牢牢拽住缰绳克制住自己。当他又看到眼前这个衰老丑陋的女人——尤其是当她与自己年轻漂亮的女儿站在一起的时候，他意识到她的存在几乎是一个败笔，并对此感到恼怒无比。但当他想到，自己和这个女人睡在一起的夜晚有四位数之多，对方仍然还在奢望索求，他就不得不和她一起去应付社交。

但他压根不想这么做。面前这个法国男人的脸一阵红一阵白，基德先生多么想好好地羞辱他一番，但是他又必须克制，并不是因为杜瓦尔是上海警署总长，而是从道义上来说，解决这个男人的时机还不成熟。他决定现下该走过去了。第一，因为这个女人这会儿正急急忙忙地站在自己的女儿身边，在这一点上她做得相当差；第二，因为他经过深思熟虑，还不想给这个男人——杜瓦尔先生一巴掌。

杜瓦尔这个老手现在完全失策了。他只能结结巴巴说出几个毫无关联的词语，当然这都是废话。为了不让自己显得无用多余，尽管从审美来说，他对玛贝尔夫人有着各种各样的偏见，但他仍然陪她来到了庭院中。

莉莉安朝着花园投去了恐惧的一瞥。花园中的人群构成了一幅图景：灯笼和苍白的月光照亮了他们的脸，让那些人如同幽灵一般。她对于鬼魂和两栖动物的想象，来自这些真实的、从地底冒出来的人，来自各个种族和国家，来自证券所、工业大鳄还有政府高官，最高级的骗子，窃贼，娼妓和吸毒的花天酒地的醉汉。交易围绕着女人和爱情，在权术和绿票子中进行。

这一切——所有的一切，莉莉安都一清二楚。在她光滑明亮的额头里，这些认知打起了瞌睡，她的思想只能在其中漂泊。

杜瓦尔还在谈论着她——他现在总算离她远点儿了。尽管他选了一条弯路，但仍然达到了目的。玛贝尔夫人充满敌意的目光也不能阻止他用言辞来猥亵自己的女儿。莉莉安的双眼漫无目的地四处张望，想要找到一个避难所。她为杜瓦尔的言论而发笑，而这个男人她毫不关注。

这两位女士牢牢攀附着彼此，如同在同一艘颠簸的船上，而溅起泡沫的巨浪就要将她们的甲板掀翻。

男人女人从上面涌过来，几乎要把楼梯淹没。莉莉安和玛贝尔逃离了这场洪水。

杜瓦尔还在原地，他认识到：自己是不可能的，完全不可能的。因为他此刻落了单，他又能感受到自己的存在。他在心里向自己道歉，几分钟之后，他再次重复了一句："很好。"

3

"很好。"基德先生说道。这又是一次新的大胆交易的序曲。"明天早上到我的办公室来。"说完这句话，他就离开了这个刚刚和自己达成一项协议的人，对方在原地干站着，他像一位国王一样结束了这次接见。除他以外，所有人都不过是帮工苦力。人们赞赏他，畏惧他无上的权力，为他献上每一个刚刚萌芽的事业，没有他的允许，没有人敢张嘴呼吸。金钱已经攫取了他的灵魂。谁都诅咒他下地狱，人们对他的厌憎不会少于对鼠疫的厌憎！

基德先生从他今晚的社交圈子中抽出身来。他让人在花园中按照凡尔赛风格修了一个相当不协调的树龛（这完全符合他那毫无鉴赏力的品位）。他走到那边去，能够好好地俯瞰整个宅院、花园和宾客。

他的庄园不正是一个温室吗？在这里面，最冒险的事情、最放荡的欲望、谋杀、抢劫和通奸都能够盛极一时，在阳光下开出道德败坏的淫荡之花。

基德不知道，除了他，还有一个人也站在这里欣赏着这幅画面。每个人都有自己的思想，都遵守着自己的想法。

基德被这个一闪而过的人影吓了一跳，后背不由得沁出一层冷汗。他几乎不敢走出去——他知道害怕的感觉吗？面对面的话，他可不害怕；但对于不确定的、不可见的事物，他却感到了畏缩，就如同他一旦睡觉，就会想起杜瓦尔的话一样。

另一个人也跟随他离开了藏身之处，他不紧不慢地跟在基德后面，露出了一张像蒙古人种的脸。

玛贝尔夫人和她的女儿待在一个半明半暗的房间里。由于疲惫和紧张，女士们已经很久没有开口说话了。但是她们总归是幸运的，至少她们现在能够单独安静待着了。

“妈妈，我想睡觉了。”这声音听上去像一个明亮却充满悲伤的孩童的声音，“妈妈，我感到害怕，十分害怕。”莉莉安紧紧依靠着她的母亲。

玛贝尔想试着笑出来，但笑声哽塞在喉咙中停滞不前。她伸手触碰着这张年轻又充满活力的脸庞，亲昵地抚摸着她。

“妈妈，你别离开，待在我身边。”女儿央求道。但是玛贝尔没有时间了，她起身离开。而再次说了一声“很好”的杜瓦尔，则陪伴她离开了这里。外面相当闷热，玛贝尔夫人声称在房子里面会凉快得多。由于杜瓦尔毫无礼节地提出了异议，因此她向杜瓦尔提出，她必须得说服对方才行。这位并不年轻的先生露出一个迷人的笑容，显然已经被说服了。

玛贝尔·基德夫人的小会客厅紧邻闺房和卧室，而这里也和别墅的其他地方一样毫无特色，只不过是一些矫揉造作的装饰的大杂烩，没有任何风格和鉴赏力可言。而“淑女们”的房间按照褪色的法兰西第一帝国时期的风格装饰得富丽堂皇。

基德夫人为了提升这个庄园的装饰效果还做了一点儿别的工作。作为一个上流社会老练的交际花，她不需要为自己那充满诱惑的地位感到羞耻，一切顺其自然，该怎样就怎样，这就是最好的。在她的皱纹后面还隐藏着一些魅力，而她用精致的妆容将这些魅力完整地展现了出来。她用那些迟钝的陈旧的武器战斗着。没有人愿意投降，至少在太阳底下——哪怕它会让人们早早地失色和干涸。

杜瓦尔突然发现了这个女人的魅力所在——一种腐朽的魅力。他感到这股力量是如此熟悉，甚至让他向往起来。

基德先生站在了女儿的房间里面，而外面的风越来越猛烈了，大雨突然毫无预兆地落了下来。听到莉莉安低声的呐喊，他的嘴角露出了一个笑容。他想说点儿什么，但此刻舌头就像

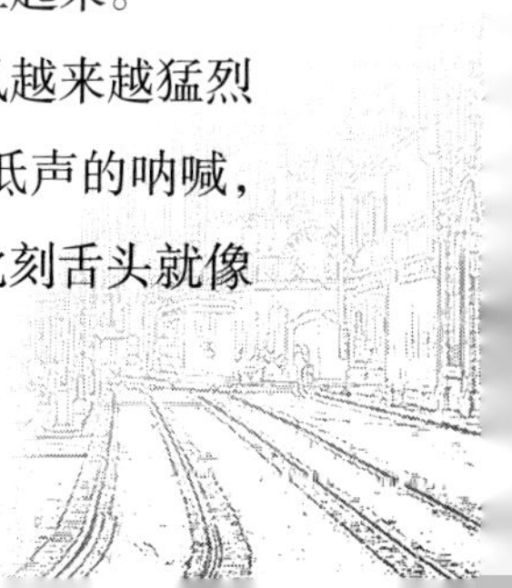

一块瘫软的肉一样，麻木地躺在嘴里。

莉莉安对他有些害怕。当她还是一个小孩子的时候，她就对他相当排斥，避免和他产生任何细微的身体接触。但她不能逃避他，她必须得忍受他那些数不胜数的亲昵和抚摸。如果她敢反抗，那么他就会变得不耐烦、暴躁和粗鲁起来，一定要把她抓到手，好好向她展现自己身为父亲的——实际上是继父的疼爱之情。

现在，当她站在他的面前，所有的细节都涌入了脑海，她对面前的人涌起一股近乎疯狂的恐惧。

他像一个水手一样，笨重而粗鲁地朝她靠近，小心地拿起她的手放在自己的掌心——这双发红的、肥厚恶心的手。他醉醺醺地站在那儿，用那双雾蒙蒙的眼睛扫射着她。她试图用一种礼貌的、玩笑一般的口吻来阻止他。而基德先生要求她得亲他一下。莉莉安想用一句机灵话来解决这个问题，但他今天似乎不吃这一套。他把她当作一个不听话的、冷酷的孩子，不断宣称自己对莉莉安深沉的父爱。他向她允诺那些最值钱的宝石、最昂贵的香水、自己的烈马、汽车还有别的一切——只要她像他所期待的那样回应他。

他又用轻柔的口吻向她诉说，他是多么缺乏人们的爱，又是多么需要爱，他就像一个饱受折磨的人一样渴求着爱。除了莉莉安，他还能期待从谁身上获得这份爱呢？她毕竟是他的女儿，而又和他没有血缘关系。他说着，在那肿胀的脸颊上流下了眼泪。

少女无法掩饰自己内心的震动。她沉默不语，在心里责备自己的态度。她不能再让他伤心了，她对自己这么说着，克服了对他的厌恶之情，发自内心地亲吻了他厚实的嘴唇。

但他并不想就此放开她的嘴唇。他攫取了她的呼吸，让她几乎窒息！他咬了她，莉莉安几乎能感受到从嘴角缓缓流到下巴的血。他推压着她的身体向后，不知廉耻地抚摸着她，想要占有她。莉莉安朝着他的胸前狠狠打了一拳，他踉跄后退了好几步。尽管她并不那么孔武有力，但却足够聪明，身手也足够矫健。莉莉安从他身边绕了过去，匆匆忙忙逃向门口，而基德拦住了她的路。他大发雷霆，重重喘气和咳嗽，嘴里吐出来的尽是辱骂之词。莉莉安想要大声呼救，她想起了自己的母亲，但她知道，她的母亲现在不能脱身。

她感到一阵巨大的恐惧，这些年这种恐惧感一直追随着她。她听过的、见过的已经足够多了！所有的事情都容易惊扰到她，她的内心早已变得荒芜和空旷！她被无休止的害怕所折磨和驱使，总是想起自己的母亲，想起这个男人的妻子，而这个人现在已经丢下了她。这个男人现在会毁了她。她无疑是漂亮的，她已经收获了在这个庄园里走进走出的男人们足够多的目光。现在，这个男人充血的眼球直勾勾地盯着她。一旦他失去了耐心，就会把她推倒在那早已准备好的床榻上，再凶狠地占有她。他想要控制她的身体，将她变为自己的财产，听凭他的心意随意地处置，然后她就会踏上自己母亲的老路。

这些思绪从莉莉安的脑海中闪过去，将她唤回了现实。这个男人现在如同一个征服者，马上就要做出粗鲁无耻的下流事："我将你们母女从阴沟里救出来，这就是你给予的报答和感谢吗?！没有我的话，你们早就变成一摊烂肉！我不断地施

舍，而你只会无能地索取。而现在呢？一旦我想要收获回报，只配被你推开吗？听着，你是我的，你属于我！懂了吗？我有得到你的权利！你妈那个臭婆娘现在已经又老又丑，但我可没有放弃你，因为你是我的！过来！”

莉莉安总算找到了逃脱的机会，她恶狠狠在这个畜生的脸上咬了一口——逃走！逃进这场大雨中！

警署总长和身边这位“女士”又再次恢复了社交能力，毫不满意而又无聊透顶地直愣愣盯着天花板，谨慎地让自己看上去不那么重要。他们的目光不再那么隐秘，他们的声音也变得大了起来，不再被别的声音所覆盖，一切最终变得冰冷又得体。

只有玛贝尔夫人一刻不停地说着话：“您相信我，女人对一个男人的追求往往来源于无助的倾诉欲望。这些饱受生活折磨的女人总是想寻找一个男人，她也应该受到这些男人的践踏。哪怕只有几个小时，她也会在他的身上找到一个自身苦难的承受者，因为这个男人像她自己一样厌憎自己的过去。在第一次情爱的迷醉中，女人的折磨、争执和痛苦都被引燃，而男人对于‘女人的过去’嫉妒得发狂，甚至不能容忍。”她停了停，目不转睛地盯着杜瓦尔，“剩下的——在这些寻觅和结果之中，还剩下什么呢？”她的脑袋垂落到胸前，双手徒劳地想要抓住一缕空气，“我们女人从来不知道，我们只会找到我们所寻找的东西。我们的顺从、倾诉欲望和付出都是我们的伤痛‘起作用’那几小时的结果。起作用，对，没错，先生。”她特地强调了这个词语。

玛贝尔·基德夫人了解她自己，也了解人生，因为她经历了足够多的大风大浪，而这一切她完成得相当明智，也相当尖锐。当然，杜瓦尔从来不知道一个女人的这些优点。他对眼前这个女人做出了判断：一个残次品，一个二手货。紧接着，他继续往前走去。

4

黎明来临了。天空渐渐从幽暗的紫罗兰色被染成了柔和的玫瑰色，最终变成鲜艳的血红色，狰狞地点亮这个城市的至尊之处。

现在这会儿，就是那两个共度一夜的人该分别的时刻了。绅士和小姐都认识了对方，就像正常情况下共度一夜应该有的那种认识，但他们彼此都希望——尤其是小姐，保持匿名的状态。她带着迟疑、迷茫和无助站在路上，她找不到一个能够维持尊严的离开方式。让这些东西待在胃里，别待在她的灵魂里！她带着恶心感倚靠在一个地方，试着用“情爱”来解释，而最终的答案却是“友爱”。至于别的——在他们两人当中不应该再有了。没有瓜葛，他们两人中间什么都没有了。他们在相当奇特的环境中邂逅了，现在两人都想与对方擦肩而过。他们必须保持距离，从哪里来，就回哪里去，继续走自己的路。

这个年轻的女孩——现在已经变成一个少妇，睁着聪慧的双眼，带着自我毁灭一般的清醒，但同时还有害怕的情绪——这表现得比她应该有的还要多。而这个男人脑子里则有另外的想法，他观察着眼前的女人：漂亮，而且年轻，相当年

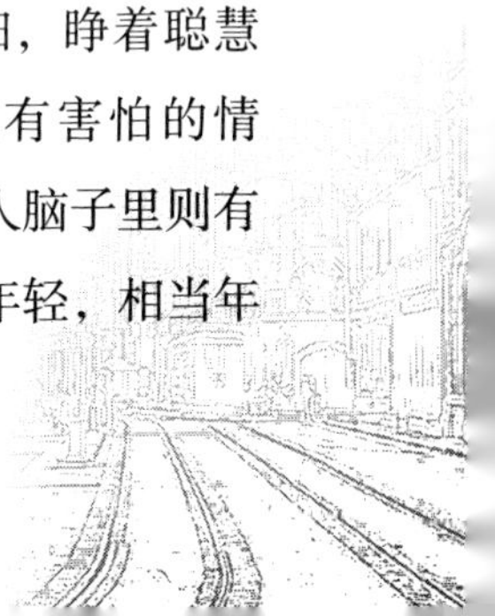

轻。她此前从没被男人碰过，我就是她命中注定的人——他充满男子气概地想着。什么样的男人，什么样的女人？这些问题却让他难以安宁。

“我应该——啊，女士，我是说，”他改变了一下自己的措辞，“我能把您送回家吗？”

她坚定地否定了。随即她浑身再次涌起了害怕，她颤抖着身体，双眼无助地探寻，嘴唇近乎抽搐地颤抖着。这副模样在男人眼中却有了一丝虚弱的美感。女士小心翼翼地伸出手，避开他的目光，匆匆地道别，这显然让男人也感到不自在。她关上了身后的门，穿过了这个城市阴暗的小巷迅速逃离，给他留下一个未解的谜团。

而这个被落下的男人这会儿燃起了对她的兴趣和欲念。他发誓，他一定得再次见到她，知道她的姓名，了解她的生活。当他站到大街上，心情变得更加轻松起来，大地在他脚下轻轻地摇晃颠簸。他招了一辆黄包车，向着自己住的旅馆驶去。

整条大街已经挤满了人和各种各样的汽车，人声鼎沸。这些东西混杂在一起就像大海一样，又像一团沸腾的蒸汽。在南京路和浙江路的交叉点，黄包车和轿车为了赌注而疾驰。苦力车夫把舌头伸出来哈气，这些穷得揭不开锅的人一声一声长长吆喝着“呀——噢”。无轨电车，像笼子里的牲口一样满满当当的人群，各种肤色的人潮，他们组成一个令人眩晕的节奏，那些弯弯的曲线仿佛把人的脖子都扼住。震耳欲聋的噪声、快要烧起来的仓促脚步和近乎疯狂的狂热席卷着这里的人。这不是生活，人们要的是耀眼、粗糙又暴力的生活。这两种对立永远走在平行线上——白种人和黄种人，西方和东方，商人那侵占世界的美国主义和闭关自守的传统幻想、中国人愚昧的祖先崇拜，占据统治地位的全球性的资本主义和半睡半醒的黄种人的民族主义。每一个人都想要占有这块地方——对于黄种人来说，这里是他们的土地；而对于受到全球政治性帝国主义影响的外国人来说，他们也声称这里是自己的土地，因为这里有他们的财富。

在这里，人不能生存，只能斗争。

坐在黄包车里的法国男人思考着这一切。前面的车夫拉得太快，颠簸让他有些不适。而他唯一接受的补偿，就是让这群人在重负之下跑得汗流浃背、气喘吁吁。

他在一间旅馆小小的两居室套间中居住。这个旅馆属于一个读过书、有点儿教养的中国人，他发誓遵守清洁卫生和欧式礼仪，房子上飘荡着英国国旗。他的观念和想法都是难以撼动的，不过这个叫作“巴拿马”的旅馆名声还不错。

老板王先生会一点儿外语。当法国男人从黄包车上下来走过前厅的时候，老板向他打了个招呼，异常和蔼地用法语说道：“你好，马林先生。”他一边说，一边用一种奇特的方式朝他凑了过来。马林可没有时间和心情搭理他的谄媚，他敷衍地回应了一句，匆匆往高高的楼梯上走去。而这位中国老板再一次急切地叫住了他，希望他听自己说句话。为了表现得稍微有礼貌一些，马林只得半被迫、半感兴趣地停了下来。王先生指着旁边的另外一位先生——他就坐在距离很近的地方，把头深深埋在一份欧洲的报纸当中，他在这里等马林已经等了一个小

时了。马林显然认出了他，毫不迟疑地走了过去，简短地问候了对方。那个人从报纸里抬起头，让他现在立刻去警署。一边的王老板颇感兴趣地斜眼瞟了过来。而这两人已经离开了巴拿马旅馆，向着福州路上的警署开车驶去。

王老板还有些没弄明白。如果他还不知道马林就是警署的人，上帝！那他就是最不幸的人了。

5

杜瓦尔，上海警署总长，经历了活跃的一夜之后，这会儿来到了警署。如果他没在办公室里看到这么惊人的消息的话，他这会儿准会由于疲惫而在自己那把华丽的大椅上呼呼大睡，但现在他必须得硬撑着完成自己的工作。

警探马林昨晚消耗的体力可不比他的上司少。他走进办公室，和杜瓦尔保持着一个恰当的距离。总长对待他的部下总是平易近人、亲切和蔼。马林并不清楚面前这个男人额头后的脑子里到底在想些什么，就算他皱起眉头，额头上露出一道道的褶子，他也不大清楚。警探先生这会儿有些不安，他脑子里一团糨糊。最终，他果断地问杜瓦尔有何贵干。

杜瓦尔首先为自己在工作时间之外将他请到这里表示了歉意，但有的事情容不得拖延。他对一个俄罗斯人的缉捕问题有些困惑。

马林的血液一股脑涌上脸颊，他迅速地做出了沉稳的回答：根据他的侦查，那个他原本应该跟踪缉捕的俄罗斯人，压根不在“长崎”号的乘客当中。他没能在乘客中找到与资料相符的人，此外他还猜测，或许这个俄罗斯人已经听到了风声，逃到了另外一个港口的船上去了。

面对这个模棱两可的回答，杜瓦尔只是轻轻点了点头。他高高挑起眉毛，走神似的按下了一个按钮。马林对于自己上司有些古怪的举动感到些许不安。

几分钟过后，两个男人走进了房间。这位警探先生一眼扫过去，整个人就陷入可怕的激动情绪中。此刻，所有的目光都集中在了他的身上，他必须得控制住自己，竭力冷静下来——他认出了其中一个就是那个有嫌疑的俄罗斯人。

杜瓦尔带着亲切的表情询问他们，几位是否互相认识，是否需要再做自我介绍。马林回答，其中一个人他已经认出来了，就是资料中显示的那个；至于另外一个男人，他则全然不认识。他装出一副相当惊讶的样子，好像面前这两个人是从天而降一样。他需要一个解释。他无疑欺骗了自己的上司，而后者现在正若有所思地看着这个俄罗斯人的同伴。

船员侦探开始朗读他的调查报告："我依照上级的指示，在'长崎'号上接近了这个俄罗斯人。在谈话间，他向我提到了'涅瓦'这个饭店，据称他每次到上海都习惯在这家饭店用餐。我从中得出结论，他一定经常通过海路往返于符拉迪沃斯托克和上海。在接下来的接触中，我得到了这个俄罗斯人和一群布尔什维克勾结的证据。他向我敞开心扉，说话毫无保留，一路上我与他寸步不离。我越发怀疑，这个男人身上携带了一些危险的材料。我按照规定向上海警署发送了电报，说明了这个男人的面部特征以及我们抵达上海的时间。在'长崎'号到达上海前不久，我重新回到了应有的'旅途中的熟人'的位置，我们在甲板上道别。此后，我对他保持着适当距离内的跟踪。紧接着，我遇到了警署的密探马林先生，我试图靠近他，和他接头，但一切都是白费功夫。马林先生和俄罗斯人先后登上了一辆黄包车，一前一后紧挨着离开。而我自己就去了那家名叫‘涅瓦’的饭店。”

“你为什么去‘涅瓦’？”杜瓦尔问。

“预感。我必须得去。”侦探说道，“我进入了这家饭店，这是一家有些可疑的小酒馆。我注意到这里有流亡的沙俄侯爵和公主、布尔什维克，还有苏联契卡[1]的探子，他们坐在一起，喝着自己的伏特加，享受着鱼子酱。我到处看了很久，终于发现了马林先生和我那位旅途中的朋友。他们坐在不同的桌子上，我一直等在那里，但是什么都没有发生。”

“应该发生点儿什么？”杜瓦尔拉长了音调慢慢问。

“马林先生应该缉捕这个俄罗斯人。”

马林叫嚷起来：“在一个这位先生所描述的环境氛围里，想要在大庭广众下吸引这么一位老手的注意力进行缉捕根本就是难以想象的事情！我们在任何行动中都有必要不引起外人的注意。”

杜瓦尔对他的话表示了赞成，他让这位侦探继续做自己的工作报告。

“在此期间，这个俄罗斯人喝了不少烈酒。我走出饭店给另外一位密探打了电话。”

“您有些怀疑了？”杜瓦尔静静听着，此时开口问道。

---

① 全俄肃反委员会，即苏联秘密警察组织。——译者注

这位侦探回避了这个问题，他显然只想陈述事实，因而继续说道：“不久之后，这个俄罗斯人走向后门，往饭店的中庭走去。马林先生跟了上去，我再次等待在那儿。当我通知的另一位侦探到达的时候，几乎是同时，马林先生从里面走了出来，返回到了饭店中，付了钱便离开了这里。”

“那您做了什么呢？”杜瓦尔匆匆打断了他，“没有去中庭看看吗？”

“是的，我去了。那个醉得人事不省的俄罗斯人躺在地上，显然情况相当糟糕。在他恢复神智之后，我立刻逮捕了他。”

杜瓦尔对他的报告表示了感谢，并打发他离开了这里。脸上一会儿红一会儿白的马林对于侦探的这番指控表示了强烈的抗议，他恳求让这个中伤他的侦探留在这里接受对质——他坚持自己是无辜的。最终大家达成了一致，杜瓦尔让这位侦探回来，在他在场的情况下继续审理这件事。

这个俄罗斯人自然也在这里。他目光冷漠迟钝，又表现得无所事事。突然，他的脸抽搐了一下。杜瓦尔偏过头去，视线在他脸上睃巡着，再次对俄罗斯人有了一个印象。杜瓦尔的目光从他身上转移到了马林身上，又再次转回来——一个令人难以呼吸的停顿——警署总长满意地看到这个男人的神经变得紧张起来。为了不断消耗对方的精力，他有意地延长了这个折磨人的停顿时间。当他觉得时间足够长了，便向着警探迈了一步，平静又沉稳地问道：“您认识这个人，”他看着俄罗斯人，又道：“我是指，私下的认识？”

“我只在调查资料上认识这个人。”马林坚持辩称，“我否认任何职业污蔑，希望您能够亲口问一下旁边这位先生。”

“不，我可不认识他。”俄罗斯人大声说，这是他被缉捕以来开口说的第一句话。这个俄罗斯人能说一口流利的法语，只是带了一点儿斯拉夫的口音。

听到这句话，马林得意扬扬，杜瓦尔则有些尴尬恼怒。六只眼睛开足了火力互相注视着，好像正在激烈地交锋——问与答，陈述与辩驳，杜瓦尔给两人布下了很有技巧的圈套。但现在，掌握了话语权的警探先生产生了一种自信：他的上司会就此放弃对他的审问。那么究竟谁在撒谎？是侦探、马林还是这个俄罗斯人？杜瓦尔全无头绪。在这个俄罗斯人被押解回去之后，他不得不给马林一个“恢复荣誉宣言”。同时，他也恳请马林放弃从侦探那里再得到一个恢复名誉的道歉。这件事最好无声无息地从这个世界上消失。

这位总长在这种向下级道歉的耻辱中，不得不像蠕虫一样弯腰低头。但对他来说，证明了这些怀疑毫无根据之后，就没什么更重要的了。这整件事像是在冒险。两位先生互相握了手，把这件事抛在了脑后。这个俄罗斯人也应该被释放出来了，因为他的那些证件都相当正常。杜瓦尔只得相信这件事是一个误会，他必须得这么做，尽管他并没有完全被说服，最终他脑子里仍然想起了跟这起无趣的布尔什维克案件无关的事情。

马林是他最得力的手下之一。但在刚才，这一切都不再重要了。这个人——他的属下，从几个钟头之前，与他拉开了一段值得思考的距离。这个以往他不那么关注的属下在刚才为自己赢得了一点儿价值。在杜瓦尔心中，他对马林产生了某种排斥感，一种难以遏制的厌憎，但他现在还隐藏得很好。如果他能像对待一个罪犯一样对待马林，这或许会让他获得满足感。他想摧毁马林，这个在几小时前还无关紧要的人物。但他的第一次行动就失败了。他咀嚼着这次屈辱，而想要躲得远远的马林则克制地保持了距离。杜瓦尔对他表示了信任，把手搭在他的肩膀上，请求他在自己的私人办公室中陪伴自己。马林接受了这个邀请。

“这件事就该从地球上抹去了。”杜瓦尔低语着，“但这桩案子还和以前一样。”马林目不转睛地看着他，直视着他的脸。

“现在只有我们俩了，马林先生，我们能够聊点儿私人话题。您昨天夜里在‘涅瓦’饭店——别急着否认。”杜瓦尔微笑道，“您和您那位神秘的女伴离开了饭店，而第二天早上一个人回来了。”

马林听到这话，竭力控制着自己的紧张。

杜瓦尔继续说道：“我不能插手您的私人生活，我也无从指摘，说您在这个地方逗留是错误的。对于您这次行动失利的报告已经呈递给我们了。当然这也完全不能阻止您，在昨天晚上按照您喜欢的方式享受生活。”他小心翼翼地考虑着措辞，继续说下去，像是不经意地把话题引到了昨天的夜生活上面。他们想起了曾经在巴黎的生活，这两个职位完全不同的人像花花公子一样聊天，又提到了上海，这里的妓院、酒吧、旅馆、俱乐部和餐厅，他们还谈到了这个国际化的社交圈子，尤其是这里的女人。杜瓦尔毫不掩饰自己在这方面的经验。自然而然地，话题转移到了基德先生身上——这个上海最为炙手可热的人。仿佛不经意似的，杜瓦尔翻看起了一本桌上的插图杂志。他突然停了下来，冲马林弯下腰，指着一张图说道：“这就是整个上海最年轻、最漂亮也最有趣的女人。”

马林的神情变得僵硬了。杜瓦尔目光尖锐地打量着他。而这位警探先生一个字都说不出来，他有些头晕目眩。这张女人的照片在他眼前变得模糊，又再次变得清晰，静静注视着他。在这张照片下面，写着一行字：莉莉安·碧雷斯，玛贝尔·基德夫人与前任丈夫的女儿。杂志从他的手中滑落下去，杜瓦尔俯身弯腰，看着他张皇失措的脸，问道："您也认识这位女士？"

马林斩钉截铁地否认了。这位总长的脸变化不定，那些亲切与和蔼从他脸上消失无踪，他面无血色地看着这个部下，好像要用眼睛穿透他。马林突然动了一下，想要打破僵局。紧张的气氛在两人有些扭曲的笑容和带着敌意的礼貌中逐渐消解了。杜瓦尔今天似乎已经休息够了，他带着苦涩又和气的友好让马林离开了这里。他一个人坐在办公室中，看着莉莉安·碧雷斯的照片，走到办公桌前，拿出一封信来，仔仔细细研读着亲信的报告——昨天有人跟踪着马林离开了"涅瓦"，一直跟踪到了他遇到那个年轻小姐并登上出租车的地方。报告对于这位女士的个人特征进行了详细的描写——这一切直指莉莉安·碧雷斯。

6

马林回到了巴拿马旅馆。王先生带着探究和怀疑的目光看着这位男士，他并不喜欢自己的这位租客。但他想要多探听到点儿事情，于是尾随着马林上了楼，扒在门边竖起耳朵偷听，像是要把面前这扇木门钉透。马林从大衣内侧的口袋中取出了两封信，把它们展平，埋头专注地读了起来。这封信上面写的是俄文——除了母语、英语、少量日语和汉语，他还足够熟练的一门语言。

国家政治保卫局：

向提到的那个人以及SRG[1] 求助。在这里等待指令，接受特别行动指挥部的领导。

接下来就是一个难以辨认的签名。马林把这一封与另一封信做了对比，它上面写着：

小心行事，不要放弃中立立场，勿与上级有私人接触，完全孤立。不要妨碍他人工作，一如既往地否认。

马林一直坐在凳子上，呆滞地思考着关于这两封信的内容。他苦思冥想，暂时遗忘了过去的一夜。

他从港口就开始跟踪这个俄罗斯人，一直到“涅瓦”。他监视他，尾随他进入中庭，将他抓住。这个可怜的恶鬼看上去状态相当差，他完全喝醉了，头脑眩晕，又在呕吐。马林不知道怎么对付这男人，只得撑着他让他别倒下去。就在那时，他手中突然多了这两封信——到底是偶然，还是什么，他也不知道。这两封信的主人是不久前就被杀害的一个庇护人。他紧张地读完这两封信。那些特别的情绪从他脑海中闪过，将他牢牢

① SRG，疑为作者虚构的组织。——译者注

攫取，几乎要把他撕裂。这个俄罗斯人现在已经躺在地上一动不动了，而信封已经到了自己的包里。他既没顾上这个醉汉，也忘了自己的使命，匆匆地、仿佛一个逃犯一般地离开了那里……

马林思考着这件事，再次想起了那个混乱的雨夜，想起了那个女人……

这两封不知何人所写的信如同一束刺眼的光芒，直射进这片压抑着这个城市和人群的黑暗中。它照亮了那些笼罩着这个城市和人群的灰尘，铺开了那些纠缠混乱的谜团，展露出隐藏的不祥气息。

迄今为止，大人物们对那些暗地里的破坏动作还没有引起重视。他们并没有将其视为多余，而是太清楚自己的权力。杜瓦尔是个毫无能力的人，他只会在女人的闺床上爬来爬去，缺乏理智和见解。英国人和美国人对他仅有一哂置之的同情，每个人都在暗地里指望他丢脸丧命。而杜瓦尔对于自己的处境相当清楚。他走的路几乎触不到底，只能带着不确定走在这一系列事情带来的昏暗中。那些盎格鲁–撒克逊人早已经从他们自己的圈子里选出了他的继任者。

马林也知道这一切。正是他，将杜瓦尔和莉莉安·碧雷斯联系了起来。他一个小小的警员，占有了她，甚至成为她的爱人。他在她身上享有一种权利——一种男人的权利，能够将她从一个少女变成女人的权利。

“莉莉安·碧雷斯。”他轻轻吐出这个名字，随即将两封信保存起来，坐到桌子面前给警署总长写自己的辞职信。他决定孤注一掷。

7

这一天，他去了江湾的跑马场。这里需要狂热、韵律、速度和顶尖的成绩。吸入这里的空气，让自己被它控制——赛马身上蒸腾的汗，铁蹄无情地闯入一轮一轮决赛，大大小小的选手那苍白、扭曲、不自然的脸，绅士们克制的激动情绪，小人物那种蹩脚的自由散漫，乌合之众喧嚣的喜悦和苦涩，鞭子抽打这些可怜畜生时的声音，令人窒息的尖叫声、呐喊声、哨声——都在这里。

胜者是马林。他会一直是胜者——他坚信这一点，无比肯定、毫无负担地穿过人群，他攫住了那些优雅的、总是不满意的女人充满诱惑的目光。他呼吸着那些或廉价或昂贵的香水和臭烘烘的汗味。他今天看上去就像一个阔绰的绅士，有着高贵的追求，举止自信从容。包厢里的一切都闪烁着奢侈的光芒——绢纱和丝绸沙沙的响声、明朗的笑声、男男女女的温声细语、生动的姿态手势。马林脑子里想着两封信的事——这会儿他就把它带在身上。他抬头看着包厢，突然仿佛脚下生根一样定住了。那个仿佛神像加冕一样坐在上面的男人，是基德先生。紧靠在他身边的是一个衰老干瘪的女人，肯定就是他的夫人，而不可能是他的情人。而那个年轻的女人，竟然是莉莉安！一大群衰老的放荡公子围绕着这个家庭，组成一面盾墙。莉莉安站了起来，离开了自己的座位，拒绝了谄媚的陪伴请求。她注意到他——马林了吗？他加快了步子走过去，挡住

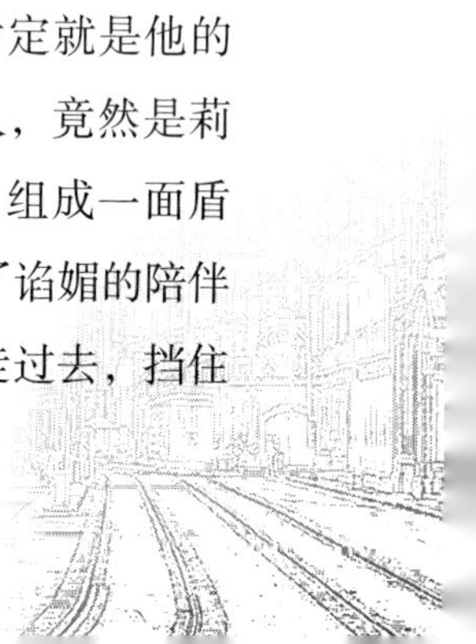

了她的路。

下一场跑马已经快开始了。他们相对站着，沉默了数分钟之久。她想从他身边走过去，他却用自己的目光牢牢锁住了她，开口说道：“莉莉安。”这是她第一次从他嘴里听到自己的名字。没有回答。因此对面的男人重复了一遍：“莉莉安·碧雷斯小姐。”他介绍了自己的名字，带着一个意味深长的微笑弯下腰来，在她纤细颤抖的手指上落下长长的、热情的一吻。她没有挣扎，却仍然没吐出一个字来。当他的目光落在她身上的时候，她那柔软的、近乎透明的脸颊涌上一抹红晕。他知道她心中的无措。她恳求这个男人离开，他必须离开这里，结局无可改变。这是最好的，他不应该来问候她或者做这些事。马林没有让步。她变得更加不耐烦，想要尽快摆脱这一切。但现在她只能踉跄着，仿佛随时会跌倒似的。

而现在，马林开口了。他说他总算知道了她的身份，也不会放她离开——因为他爱她。他的话语接踵而来，包裹住了她。她和这个男人有着最为紧密的联系，她甚至感觉到，她的生命已经和他相连，通过意外和命运紧紧地纠缠在一起。她无法摆脱他，在这个日子，在以后的日子都将跟随着他。

马林谈论着自己的生活，甚至没有隐瞒发生在自己身上的那些屈辱。

对莉莉安来说，他的身份无关紧要，她对于身份差别毫无概念。

莉莉安如今花大量时间和马林待在一起。马林从巴拿马旅馆搬了出来，换到一个装潢优雅考究的居室当中，过着仿佛绅士一般的生活。警署总长杜瓦尔则面临着这样一个谜题，他颇感兴趣地寻找谜底。

马林和莉莉安都避免在公开场合露面，过着深居简出的生活。莉莉安既拥有女性的魅力，也不乏男性那犀利的聪明才智。她博览群书又聪慧明智，她对自己继父的生意相当感兴趣，对自己家里那些谈话都报以极高的关注，并因此对商业上的事情有了不少了解，也清楚地明白那些她认知范围内事情的来龙去脉。她与马林分享了这些故事。而马林则鼓励她，带领她一步步深入到自己的思想世界，信任她，越发吸引她，决定她的命运。

莉莉安赢得了他的信任。她变得更有优势，除了那大气的宁静和女性的成熟，她性格里的沉着冷静也为她打上了深刻的烙印。然而，那份独属少女的韵味仍然还没有离开她。基德先生默默注视着她的变化，他的目光仿佛在抚摸她、包围她。当莉莉安在场的时候，他表现出明显的不安，但他不得不与她保持距离，在她面前隐藏起自己贪婪的欲望。

值得注意的是，基德先生现在喜欢住在自己位于北京路的府邸中。这儿既没有繁茂的花园，夜晚也没有嘈杂谄媚的喧嚣，没有那些纸醉金迷和声色犬马。这座宫殿一般的府邸伫立在第五大道，彰显着主人那令人惊叹的金钱和权力，是其统治力和永恒胜利的象征。屋脊上旗帜高扬，仿佛要占领每个星球。在这个城堡里，那些白人保镖时刻保护着他，这里同时又是一个教堂、一个要塞。这个堡垒还是权力和财富的避难所，就如同它对外宣称的那样。那些举足轻重、手握大权的男人为

这个城市笼罩上阴影，刺激着那些昏暗的、伪装在传统保守下的空间。所有的一切都是为了奉承这些商人们的道德水准，让他们在任何一个善与恶的评判台上都能占据优势。白色、黄色、棕色或黑色皮肤的仆人被分为四类，他们的等级由自己的肤色决定。他们在铺着地毯的楼梯和门厅中无声地穿行，听不见任何动静，就好像没有脚似的。一切命令都是无声地发布、传达和进行的。所有一切都通过电话线连接起来，这些电流就好像人的神经一样，把这个房子串联起来。

基德先生现在正舒适地躺在一个高背躺椅中，这位埃塞克斯郡的伯爵正在释放着他贵族的气息，他花了重金搞到这把椅子。这件高贵的家什对于它的主人来说并不那么舒适，更多的是装饰性的作用。这位更喜欢舒适皮椅的绅士却认为——尤其是在这种重要的时刻，他更应该显示出自己的身份来。

上海的警署总长杜瓦尔，现在正毕恭毕敬地在他面前听候差遣。这场会晤已经持续了三个小时，基德先生的秘书站在这扇沉重的、紧闭的门外，反反复复用不信任的目光密切地盯着这些仆人。没有人知道这会儿房间里面的两个人进行着什么样的对话。四个钟头之后，总长先生离开了这座北京路上的豪宅，他看上去筋疲力尽，脑袋耷拉在胸前，沉思着离开了街区，甚至完全没有注意周围的环境。他静悄悄地离开了。

8

基德的庄园仍然像以往一样运转着。在这个平顶别墅中，每天都举行着盛大的社交活动。马林是这儿的新面孔，他引起了人们的注意。他看起来比这儿的人都要年轻，新鲜而且充满活力，给宾客们留下了深刻的印象，迅速获得了人们的信任。所有人都跃跃欲试地簇拥着他。但是他们可没能耽误到马林，他穿梭在人群里，一直置身事外。莉莉安则尝试着控制自己的紧张情绪，表现出过分的欢快，比平常说的话还多，与所有人聊天、大笑，有时候显得过分突兀和夸张。她和马林互相回避着对方，但她的眼睛却总是在搜寻，在对方身上流连、睃巡和探究。

在这个夜晚，马林结识了不少人，包括对他颇感兴趣的玛贝尔·基德夫人。她来和他搭讪，表现得情绪激动，珍珠一般大小的汗珠藏在厚厚的妆容下面。基德走了过来，粗鲁地伸出了手并说道:“我是约翰·基德，很高兴认识您。您是谁？”这个寒暄让马林有些措手不及，周围的人都笑了起来。他也跟着笑了起来，用同样的方式介绍了自己。基德似乎有些喜欢他，邀请他加入另外一场大人物之间的对话。这个不列颠人经常挑起眉毛来，他低平的额头上布满了深深的沉思纹。他兴致勃勃地打量着这个自己一无所知的法国人。这个男人说话有条理又镇定，思路清晰——对于毫无成见的基德来说，他很欣赏这一点。

上半夜就这么过去了，没发生什么值得一提的意外。但是紧张而具戏剧性、同时又显得可笑的一幕出现了：马林和杜瓦尔意外地碰面了。站在一旁的基德先生打量着这两个显然陷入困惑的男士，大声问他们是否早就认识对方。马林短促而肯定地回答道:“短暂地碰过面。”杜瓦尔闭上了嘴——这个回答很好。当然，如果他能用一个得体的、意味深长的微笑来佐证这个答案，那就再好不过了。这件小事加深了基德对马林的兴趣。

马林和杜瓦尔没办法避免再次见面。这一回是在上海的小酒吧里。尽管这儿的夜生活不值一提，但女士们仍然禁止来到这个地方。有人声称这是世界上最长的酒吧——足足有一百四十英尺（约四十三米），共有四十个服务员，这显然也困扰着酒吧的经营。四周不难看出美国人入侵的痕迹。和其余租界区的聚会处一样，这里到处都是关于商贸和政治的谈话和手势，偶尔还穿插着昂贵的爱情。麝香、大黄、没食子、上等的通州棉花，还有油和鸦片，英国或法国的对外政策，欧洲的日内瓦和洛迦诺会议，时不时还能听到一点儿德国的法令。所有的谈话里总能看到黄种人那张幽灵般哧哧笑着的脸，令人惊疑不定。三万五千名在沪白人的庇护需求背后，是两百万黄种人的对峙。白人控制了他们，让他们失去了干劲和斗志，但却又一直恐惧他们的反扑。在营房里，在堡垒中，有两万五千个陌生的士兵在那儿操练、抽烟、酗酒、狂欢、乱性；在外面的海边，巡洋舰阴暗懒散如鬼魂一般静默喑哑。炮口对准了城市，白人因此可以高枕无忧，而黄种人则以一种哲学式的尊严接受了这一切。上海——就像中国人给它的命名一样，这个海边的市场，又是这个民族最强大的前线。上海的酒吧被它的外国代理人们填得满满当当。

杜瓦尔和马林，谁也不期待这样的偶遇。现在他们相对坐着，朝对方的脸上喷出烟雾，通过迷雾看着对方，嘴里说着一些无足轻重的事情。两个人都小心翼翼地采取行动，从那些陷阱旁边灵巧地溜过去，保持着意味深长的微笑——他们有充分的理由这么做。

与那个布尔什维克间谍的神秘关系，不久后马林从警署的离职，他与莉莉安的关系，以及与他在基德先生别墅的偶遇——这些对于杜瓦尔来说已经构成了足够的理由，让他小心翼翼对付这个男人。马林现在过着上流社会绅士的生活，有能力进入这个城市最一流的圈子，甚至引起了基德先生的兴趣。他有一大笔财富吗？杜瓦尔知道，这个城市的人能够靠着高额借贷来过日子，只要他有一张空头支票——在任何一个酒吧、餐厅或者夜店。而月底的时候这些空头支票就会消失在门口。无情的手会掐在这些债台高筑的人的咽喉上，让他们几乎窒息。

当他们一起离开这个酒吧的时候，面对着自己这个迄今为止的猜测，杜瓦尔不禁有些失望。马林是用现金结的账——这在酒吧很少见。杜瓦尔并没有完全放弃，他自告奋勇地提出陪马林继续走一走。他声称，和一个如此聪明和有趣的人，而且还是一位同胞一起在夜里闲逛，这是个享受。他们在外滩游荡，叙述着对巴黎的回忆。在这个城市的某个音乐厅里，他们决定结束这个夜晚。有些奇特的是，两个人都没有带女伴来，也拒绝与任何一个女人搭讪。警署总长的思绪在酒精和尼古丁的作用下变得清晰起来——他属于那种清醒的时候迟钝和笨拙的人。他这会儿已经完全变了样，脑子里尽是些稀奇古怪的揣测：马林和那个布尔什维克人有联系，有人帮他结账，他们在筹划着对付白人的殖民统治。但是没有任何事情来佐证他的揣测。在他的观念中，马林正平静地、无忧无虑地、无可指摘地坐在他对面。这个刚刚还敞开心扉、毫无芥蒂的警署总长现在必须重新控制自己的情绪了。他可不敢讨论莉莉安，但这个念头确确实实催促着他，让他去查明真相，而这件事或许能让他重新拿捏住马林。

莉莉安——就是她，让他不得安宁，让他没办法解决面前这个曾经屈服于自己、狡猾而犀利的人。他必须把这个人从自己的路上干掉。这件事涉及莉莉安。他才不关心什么布尔什维主义或者英国的殖民政策！这一连串的思绪从这位上海警署总长的脑子里闪过，他想起了北京路上那座豪华宫殿，想起了基德先生——莫非他非得关心布尔什维主义和英国的殖民政策不可吗?!

马林一动不动地坐在他面前，这让杜瓦尔有些失措。他说漏了不少他的成就和才干，他必须要看看，自己和这位对手是否匹敌。从那个俄罗斯人事件开始，他就意识到了这个问题，现在这件事几乎要毁了他。马林在其中的确扮演了某种角色，他自己证实了这一点，而具体是什么角色，他却不能说。绝非无足轻重，杜瓦尔清楚这一点。总有一天他要证明，这个男人究竟做了什么事。他，杜瓦尔，已经老了，被榨干了。他得告诉自己，他要战斗，必须战斗。在此之前是否要对马林动手?他现在认为，自己必须要赢过他，完完全全地胜过他，证明自己，将权力、影响和地位完全控制在自己手里。

9

自从这一夜过后，马林总是能接到来自警署总长的电话。至今他的生活还没发生什么变化，只是更频繁地和莉莉安待在一起。

马林想到莉莉安的时候总是焦躁难安，他尝试着让自己清醒一些。

上个月的开支总算是平衡了，很好，他胜券在握。他也是这场赌局中的一员，不能落在下风。他带着尊敬和同情回想自己曾经的警员身份。现在这件事情要从他的生命中完完全全抹杀干净，就像从来没有存在过一样，他应该继续往前走了。

在南京路一家咖啡店的露台上，马林点了一杯冷饮。突然，他听到一声轻微而清晰的法语：“晚上好！”一个陌生的男人询问能否坐到他对面，并且用法语和他说起话来。

“您不认识我吗？”他稍稍往前倾身，问道。

马林打量着这个坐在自己对面的男人。对方和自己搭话的样子相当友善，是半个中国人——有趣的人种。他的脸并非那种不宽且颧骨突出的相貌，而是精致而瘦削的，他的眼皮清晰，眼睛乌黑而有光泽，头发保养得光洁得体。

这是他从这个陌生人身上得到的第一印象，他不由自主地对这个人有了好感。

“我想我不认识您。”马林礼貌地回答道。他打量着这个人的穿着，确信他是一个优雅得体的年轻男人，或者是某位风度翩翩的上层人士。

“真是罕见，”陌生人说道，“人们在一个地方聚会，身处同一屋檐下的时候彼此相识，过了一夜之后又像什么都没发生似的——您昨晚在基德先生那儿做客。”他肯定地说。

“原来如此！”马林恍然大悟地脱口而出，“您在那儿认识的我，先生，您对人的面孔的记忆真是超群。您在这么多人当中认出了我，而我却不得不承认，如果我说我记得在基德先生那儿或者任何什么地方见过您，这都是撒谎。”

“先生，我在这儿问候您并且和您分享一个桌子，是否让您有些不快？”陌生人在说话时像有一种令人信服的魔力一般，即便是这个相当谨慎、防范心相当重的法国人也无法抗拒这种魔法，他感觉自己在这个陌生人面前十分自在。“但我同样十分高兴能够认识您。”马林婉转地回答道。

有一半中国血统的陌生人抬起眉头，用一种令人困惑的肯定语气说道：“您叫马林，法国人，曾经是秘密警探。”

马林张大了嘴。

“您很惊讶，”这位陌生人继续说道，“但是猜中一些神神秘秘的事情并没什么缘由。”

马林的惊愕仍然没有消退。

“我连您的名字都知道，为什么就不可以知道您的身份呢？”

面对这个易于理解的解释，马林仍然没有信服。对方必定要嘲笑自己的惊讶了。马林带着戏谑问道：“请问对面坐的这位究竟是谁，让我有这个殊荣？”

“我叫史密斯。”

马林继续问：“那么，美国还是英国公民？”

“如您所闻，”他的声音有些粗粝和生硬，“我的国籍随我的父亲。”他停了下来，陷入沉默。

史密斯点了一支烟，对话因此暂时停了下来。借着这个空当，马林打量着对方。他后仰靠在椅背上，将香烟放到了指间。

“亲爱的史密斯先生，尽管我认为不足为奇，但我们的邂逅确实有些不同寻常。我倒不是看轻自己，但我让您如此在意，的确让我有些惊讶了。或者说，哪怕只是匆忙一瞥，一个人的形象也会在您的脑海中留下如此深刻的印象？”马林说完，等待着他的回答。

“这得看情况，先生。”

“那么，这是什么情况？”

“我会向您解释的。”史密斯早有准备，“我是基德先生府上的常客。我去那儿就好像去宾馆、酒吧或者别的休闲娱乐的地方一样，不需要什么特别的邀请，大家都在基德先生那里聚会。回到老话题——至于您想知道的事情，我得说，还得归功于莉莉安小姐……”

“我知道您想说什么了。”马林无法抑制自己的情绪，突然打断了他。

而史密斯却坚定地说了下去：“您一直徘徊在莉莉安小姐身边。”

“您能说点儿别的话题吗？”马林的嘴角挂起一个玩世不恭的微笑。

“哦，我知道，这个女人能把每个男人都变成野兽。”

“变成野兽？史密斯先生——”马林变得激动和紧张起来。

“我绝无冒犯之意，先生。”有着一半中国人血统的男人恭顺地回答道，“马林先生，您对莉莉安小姐的情感与我毫无关系。您或许不相信，我们的对话和某个利益集团有关系——有些可笑对吗？因为这个敏感得像含羞草的女人……”在他苍白又微微发黄的脸上突然泛起一抹红色，深陷的眼睛迷茫地盯着空气。

这一切都没有逃脱这个法国人的眼睛。

史密斯试图重新恢复镇定。

“这个女人，”迷茫的混血人说道，“几乎不会属于任何一个男人。”无尽的悲哀和温柔伴随着他的话语，但沉闷而危险的激情却酝酿其中，“她会死于对男人的渴望，而不会得到满足。”

马林压抑地盯着史密斯，随即他开口了，还带着那抹没有消退的不恭笑容：“这就是您想跟我说的？”

“抱歉。我们这种来自另一个种族的人，血管里流淌着沉重的血液。这是我母亲给我的。”他深深注视着马林。

在一个人的身体里，隐藏着多少人性、温暖和情感？马林自己也无法抵抗这样巨大的情绪。东方的烈日让他的灵魂开始灼烧，权力下的生活令他变得麻木、粗野和残暴。他很清楚这一切。他问同桌的这位朋友：“那么，故事的结局是什么？”

“结局？”

马林清楚地看到这个混血男人脸上的血色褪去，半个黄种人的脸上的一切表情发生了巨大的变化，他看上去相当痛苦。马林现在对这个人有了一个深刻的认识。

南京路上的喧嚣嘈杂完全没有影响到两人。

无数的宣传广告和旗帜在商场外挥舞，为了一个又一个的豪赌，它们的颜色扼住了中国人的咽喉。

这个黄种人打破了沉默，他的手指悄悄地指向街道对面。“马林先生，您看，那两座高塔。这两座高塔是上海最大的商场：先施百货和永安百货。它们是有故事的。两个大厦的持有人都想比对方修得更高，谁知道这场竞赛会在什么时候终结！它们越是靠近天空，就越是摇晃。在上面的那个头晕目眩，而在下面的又感到自己被压制……总有一天会酿成一场灾难！”

马林看着他。他的声音带着令人毛骨悚然的警示意味，让人感到有些恍惚。他在这一次邂逅当中遇到了多少阴暗和未知面，他必须得花时间整理一下自己的思绪了。

在这两位先生落座的不远处，另一张桌子旁坐下了一位女士，她目不转睛地看着史密斯。这个法国男人没有发现自己这位新朋友身上的不安，他的注意力转移到了这位女人身上。这是个鞑靼女人，敦实强壮，但仍然自有风韵。她那双大眼睛让人难以忘怀，而穿着却十分朴素，毫不出挑。

史密斯克制着自己的紧张情绪。他迅速而不明显地迫使自己站了起来，与马林道别:“我们还会再次见面的。”他肯定地说。

“或许您要来拜访我。”马林回应道，并给出了自己的地址。紧接着，这个混种人和那个带着明显不耐烦意味的鞑靼女人一起离开了这里。

谈话的中断显得过于突然，闪烁着某种不真实的微弱光芒和廉价的罗曼蒂克色彩。

就在马林重新恢复清晰的思路时，他相信这其中必然有关联。他相信这个陌生人的话语背后还藏着许多东西——许多他不敢想的事实。

10

这次意外的偶遇让马林相当不安，面对莉莉安的时候他也保持着沉默。为了更加仔细地观察她，他用了一种全然陌生的

目光。她无法维持镇定——想知道理由——但一无所获。她感觉到恐惧和不确定。在这段时间里，她遇到继父基德的次数又不断增加，他的眼睛带着阴暗和怀疑，让她惊惧无比。她几乎被他的视线一刻不断地牢牢包围着。离开家门！去找马林！现在已经是傍晚了。

而她看到一个黑头发、脏兮兮的女人从马林的住所离开。她的眼睛深陷而闪烁，嘴唇厚实性感，脸上的皮肤粗粝如同皮革，整个人看上去瘦削而坚韧。她踉踉跄跄又摇摇晃晃地从莉莉安身边溜过去，身体蜷缩，仿佛被殴打过似的，懦弱而可怜。她看上去像个可怜虫，令人同情又作呕，身上还散发着衣服未清洗的气味。

莉莉安没有摇晃，笔直地站着，一动不动。她仍然注视着这个女人的背影，然后一股热血从身体里蹿上来，血液都在横冲直撞地跳动着。她想找个东西靠一下，闭上眼睛镇定了几秒钟，半睁开眼，呆呆看着前面那深不可测的空荡黑暗。她转过头，想重新回到街上赶紧离开。而就在她面前，这个女人再次出现了，她和另一个男人正在神采奕奕地用她不理解的语言对话，而那个男人在外貌上和这个女人不相上下。他们之间似乎起了激烈的争执。莉莉安得以迅速重新恢复清醒和镇定，对这两个人起了兴趣。她快速从他们身边走过去，耳朵捕捉到的词语却让她一个都没听明白。俄罗斯人——她只能确认这一点。

马林和他们有什么关系？有什么瓜葛？对那个男人的不安、害怕和担忧包围住了她，而其他的情绪——绝望、屈辱和厌恶，都被彻底推开。再没有什么能阻止她去找他，一切都冲动而无理智。

马林察觉到了她的不安，漫不经心地微笑起来，亲昵又逗乐似的安抚她。莉莉安不着痕迹地避开了他的动作，心里感到稍微轻松了一些。他并没有察觉，仍然那样风趣和敏捷。

11

在黄浦江的左岸，法租界的另一边，中国人在这儿生活了上千年。房屋紧紧地挤在一起，单层的，木质或者黏土造的，上面盖着摇摇晃晃、扭扭曲曲的房顶，无数小旗子和脏兮兮的碎布在风里飘荡。商店一个靠着一个，变成一个矩形的框阵向街道汇集。在商店门口，摊贩嘈杂吼叫着，声音单调而麻木，在狭窄肮脏的小巷里面沸腾。大黄，麝香，没食子，丝绸，油腻腻、臭烘烘的黑色肥皂，小雕像，锅碗，令人起疑的食物，真真假假的宝石，鸦片，吗啡，大麻以及廉价劳动力——所有这一切都混杂在一起。美元、英镑、银两、日元，诈骗和勤勉，当然还有那用来吸引和捕捉消费者的过分热情。

这是一条冗长得没有尽头的街道，在出口处有无数的鸦片窟。在这些建筑当中有一个小小的、精致的房子，藏在其中难以发现，就好像它早已被世界遗忘一般。

史密斯——就如同他谦逊的自我介绍那样，这会儿正懒洋洋地躺在沙发上，面前是一张写着汉字的文件，墨水在上面画了一个字母Y。他把自己藏在一件黑色的、花纹朴素的和服里面，黑色发梢从额头上垂落下来。在昏暗的、黄绿色的灯光下，他的面容呈现出一种罕见的柔美气质。当他开口说话的时候，眼皮也懒散地半闭了起来。

而那个女人这会儿正在客厅来来回回踱步，双手抵着自己的髋骨，脑袋虽然低垂着却充满斗志。她就是出现在南京路的咖啡店里，将史密斯接走的那个鞑靼女人。她停下了脚步，看着面前的男人。史密斯开口说道："马娜，你现在总得赶紧离开了。"

"我当然要离开。"

"你得比我们计划的提前走。"他折起面前的纸条递过去，带着可疑的微笑，"我们倒要看看，你的政府会怎么处置。"

马娜看着手中的文件，把它放进了自己黄褐色夹克的侧兜里面。

"你反应太激动了，我的宝贝。"混种男人语带讥讽。

对方继续在房间里来来回回地徘徊，然后对他说道："我的朋友，你总是有些可笑的抱负，你和前警署的探子坐在一张桌子旁！"

男人动了动身体，借以表达自己对她话语的惊讶之情。

马娜微笑起来，说道："你想起瓦西里那个尴尬的故事了吧……"她直直地看着男人的脸，继续道："你知道我说的是谁，也知道我是什么意思吧？马林从我的同胞手里拿走的两封信，里面的内容我和瓦西里虽然不知道，但那并不是什么重要的信件。这个法国人看上去什么重要信息都没拿到。而你做了什么？你紧紧跟踪着他，最后和他在咖啡店里搭话，和他聊天，让他来对付肮脏的娜塔莎。瓦西里为了政治牺牲她，牺牲自己的爱人。这个空想家！你很惊讶我知道这一切吗？！现在你知道，这两封信引发的愚蠢事情完全可以勾销了吧？马林拿着它没什么用处。没有人会相信里面的内容，人们只会认为这是一个政治伎俩而已。瓦西里和娜塔莎今天回俄罗斯。现在你惊讶了？你早就该知道，我在莫斯科受过教育，我的熟人和契卡有直接联系。你只是在耽误自己的时间——所有人都会耽误自己的生命，浪费在哲学、宗教或者艺术上面。这一直都是统治阶层的特权，不过他们还会推动理性主义——从那之后，街上就会有越来越多的像石头一样的苦力工人。而你们把这些石头给摧毁了，还建立起栅栏。你们用敌人的头颅铺设起这些路障。谁知道下一个建立起障碍的人又是谁！”

马娜吐出一口浓浓的烟，说道：“我们两个人在人生目标上是多么矛盾，支撑着我们做出同样行为的动机又是多么不同——你会大吃一惊的。”她沉默了几秒钟，然后比刚才平静了许多：“我们已经联手八个月了，这段关系既不是婚姻或同居，也不是友谊！”

Y的眼睛垂了下去，在那一瞬间，这八个月发生的事情像电影一般一幕幕闪现过去。

柏林，纽伦堡大街上的一个小餐馆。俄罗斯的、日本的留学生，苍白的、近乎透明的，还有浓妆艳抹的面孔。心理或者身体都病态的那些被煽动的人，知识分子，流浪汉，无望的天才……马娜就坐在这些人当中。她吸引住了这个男人，这个黄种人的目光。这个女人身上不同的文化，东西混血的野性在第一眼就牢牢吸引住了他。他那疲软的感官，那纠缠着他、让他在可疑的愉悦中受够了的感官，尝试着寻求更多的岔路，让自己彻底迷失在迷惘之中，而现在他再次获得了激情。他感受到了荒原上那种野性的、动物一般的狂热，阴暗、折磨人的热情。后来就到了这个城市北边的小房间里面——距离比洛广场

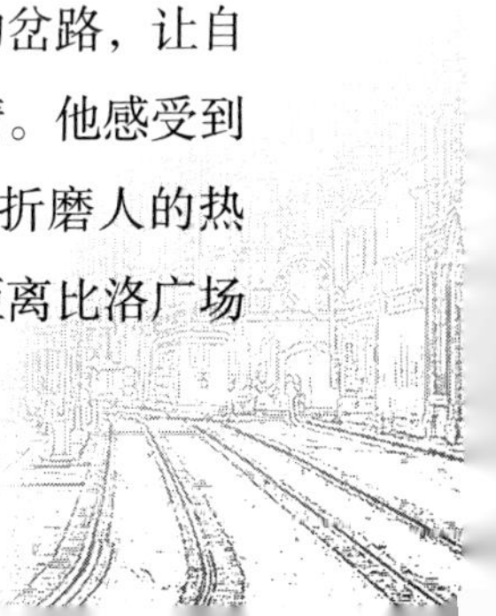

的地铁站不远。那个晚上，几乎没有反抗和挣扎，他第一次尝试了伏特加。他们都喝醉了。第二天早上，他几乎站不起来。他待在原地，一个个白昼、一个个黑夜流逝。这个女人嘴里说的事情是他从来没听过的。他的目光和以往的都不一样，一个念头从脑子里冒了出来，生长，迅速壮大。还有那让他想挣脱一切的目光——带着狗一样的忠诚、奴隶一样的牺牲觉悟、热血般的激情，这个女人几乎要把他撕扯吞噬。

他占有了这个蛮族女人，她也反过来控制了他。他迅速地脱胎换骨，血肉里生长出了新的东西。离开柏林，他去了莫斯科、第比利斯、伊尔库茨克、符拉迪沃斯托克和上海。现在落脚在这个共同生活的房子里。他们围绕着中国织了一张网，浪潮将从这个房子向整个帝国蔓延，不久后就会成为撕裂一切的毁灭性滔天洪流。革命，统治，解放，东方的觉醒——这就是他们两个人命运的口号。

Y的这些思绪仅仅停留了一刹那。

——这八个月的日子。

八个月之前是什么样的？Y从来没有问过，这个女人也从未开口说过。他很难给这样一个复杂的女人下定义，而她究竟有过怎样的经历，有着怎样强大的力量？现在她总算开口了：

一个还未发育成熟的少女不知道家乡还有什么可留恋的，于是在某一天躲进了一个牲畜车厢，同时还有粗鲁的、从西伯利亚的贼窝逃出来的兵痞。在乌拉尔山一侧的某个地方，她又从这个车厢里逃了出来，筋疲力尽，几乎死去，而那些强暴她的男人被送进了屠宰场。她起初感受到的是上瘾，其次是同情——史无前例的同情心，促使着她毁掉了自己的青春。她毫不后悔，被自己的牺牲说服甚至从中得到满足。后来她又遇到一个浑身肌肉、鼓泡眼的男人，这个男人对她来说一文不名，她果断地离开了他。莫斯科——她来到人生最重要的地方，经历了斗争与谋杀，成为新当权者的情人，被那些武装到牙齿的同志监视和保护起来，却又暴露身份。那些自她手中发出的不幸指令迅速运作起来。她来到柏林，煽动宣传，遇到Y。

永远都是任务。丧失尊严，无尽的付出、牺牲，只是为了一个男人。

“你知道我从何而来，也知道意味着什么。这毫无意义，我过的是毫无价值的生活。它就是这样，一直如此，并且会永远维持下去。而你不一样，Y！你厌倦了生活，厌倦了文化的谎言和社会——而对于我们来说，这正是建立一个亚细亚‘奴隶制度’的基础。你吃够了山珍海味，高床软枕让你难以安眠。你厌恶香水和丝绸——你已经病了。”她睁大了眼睛，整个房间里都听得到她洪亮的声音，“在你遇到我之前，你也受够了女人。这不是爱，我知道，我只是吸引了你。我填补了你的生活，这一点你从未想过。”她急匆匆地说着，仿佛被人催促一样，在每一个词语——每一个残忍的、冷酷的，又在她的嘴唇下变得柔软性感的词语里面，折磨着自己。

Y闭上了眼睛，倾听着她的话。他相信她所说的。对于这个女人他没有什么可隐瞒的。但在内心深处仍然有什么东西被他深藏着——那些不可言说的、在迷雾中仍然闪现的。他仍旧确信这一点。

马娜暂时停了下来，两个人中间只有沉默，那些陌生的、打扰人的杂音几乎无法从外面溜进来。

Y喜欢黑暗，他看不到马娜，只能越来越强烈地感觉到她的靠近。但她不再是马娜，不再是这个鞑靼女人，他的幻想给了他另外一个画面——莉莉安。

早上，马娜启程前往莫斯科，带上了给苏联当权者的文件，上面还写着字母Y。一切几乎都取决于这个事关性命的行动：实现一场革命的宏大愿景，它将会决定两大社会阶层之间、黄种人和白种人之间、东方的旧世界和新世界之间的统治关系。

马娜出发了。Y却毫无察觉似的，幻想着另外一个女人，仿佛要用目光完全占据这个女人，直到最后一刻。

12

马娜早已经越过了苏联国界。经过十天的跋涉之后，她风尘仆仆地抵达了莫斯科。她再次看到了克里姆林宫亮着灯光的圆顶和高塔，但对她来说，这光芒似乎比她上一次离开莫斯科的时候变得混浊了一些。

马娜靠在车窗上，看着这座城市距离自己越来越近，心里涌起焦虑和不安。而另一方面，她敏感的神经在隐隐发痒。这个城市上空飘荡着苍白的红色，就好像新鲜的血液从圆顶上潺潺流下，与它们光滑的釉质相混合。无名的激动之情突然攫住了她。火车停下的地方是苏联的心脏，是新生的欧洲。马娜几乎能感觉到这座城市如何将她吞噬殆尽。

停车的时候往后一顿，她靠在窗户上几乎一动不动，直直地瞪大眼睛看着人群簇拥的站台。是对于回归的迟疑、优柔寡断和隐秘念头？或者是对于往昔生活的回想？她久久站立在那里一动不动，直到被一只粗鲁的手抓住，强迫她离开了这里。她被带着撞入人群，走到街上，路过古老的广场和那些不断变幻着主人的结实宫殿。最后，他们在其中一个宫殿门口停了下来，她被苏联士兵带到门口，检查证件——花费了将近一个小时。她终于来到了一个小小的客厅，疲惫地坐在扶手椅里面。她带着警惕的目光打量着周围的一切——奢华，但却是一种陈旧的、贫乏的奢华。包裹着家具的昂贵布料已经褪色，散裂开来。一张铺满大厅每个角落的温暖地毯也已经粉化裂开，露出冰冷裸露的地板。房间里散发着霉臭和怀旧的气息。墙上挂着列宁和马克思的画像，看上去同样很陈旧了，在这个腐败的封建式的房间里显得格格不入。

马娜一直在等待。这儿就她一个人吗？不，她感受到了别人的目光，正隐秘地在她身上睃巡，监视着她的一举一动。她再熟悉不过，这样的目光怎么会让她吃惊，她戒除过这样的生活吗？她微微一笑，在内心讥嘲地咧开嘴。她从桌上拿起一面小小的镜子，笨拙地露出风骚的神情，又仔细打量着自己的头发，往脸颊和嘴唇上涂了一些胭脂，立了立自己扣到脖子的衬衫衣领，坐直了身板。

一个矮小畸形的男人走了进来，脸上堆满笑容走到了她面前，几乎把鼻子贴在了她的脸上，以至于她不得不往后退去，以避开这侏儒嘴里冒出来的臭气。男人询问了她的名字，向她

要了证件。马娜把自己的文书递了过去，这男人一言不发地接过，很快消失了。

大约两分钟过后，对方再次出现了。他告诉马娜，她被里面的人拒绝了。这张畸形的脸上露出了幸灾乐祸的笑容，做出了同情的手势。他想陪着马娜离开这里，马娜有些疑惑地站在原地。片刻之后，她一把推开了这个病态的东西，迈着大步一把拉开门走了进去。

“欧古林！”她大叫一声，重重关上了门。

坐在一张华丽的书桌面前的欧古林站了起来，一动不动地站在马娜面前。

他的头颅宽大有力，上面布满了浓密杂乱的头发，而身体看上去却单薄虚弱，两块强健突出的颧骨好像要从圆润的脸部皮肤中穿透出来。他的眼睛细小得几乎要从脸上消失，嘴唇的线条高贵性感，唇瓣微微有些厚实，上面蔓延着未打理的稀疏胡髭。他那双充满力量的敦实大手正用力撑在象牙制的办公桌上，上半身微微前倾，肩膀在高耸的骨头上微微下陷——整个人如同从石头里打磨出来的一样。

欧古林的右边是一把左轮手枪——他的身上总放着一把手枪，而身体的重量几乎都往左边倒去。他的脸上映出当权者的那种恐惧——他还没做好开口的准备。

马娜开了口：“你永远都这么不干净，就像我这会儿看到的一样！但比起以前显然要讲究气派多了。如果没有这个该死的革命，简直就是天生的贵族！你看上去越来越像资产阶级了，欧古林同志。这条被你自己否认的狗又是谁？”她的声音粗粝又冷硬，接着用那双忧郁的、蒙眬的双眼看着他道：“我可怜的欧古林……”

“你想干什么？”欧古林缓慢地、若有所思地问，“斯瓦斯科同志？”

“你还认识我？”

“我已经忘了你。我宁愿把我这一生都忘了。”他语气平静而镇定。

“真是令人惊讶，你居然也怕死！”她的话仿佛击打在他的身上，“欧古林，你一直是个厉害的谎言家！你变得更胆小了，说不定你已经老了。”

“斯瓦斯科同志，我希望你能马上离开我这里，等我叫你的时候再出现。”

“我倒想待在这儿。我是来找你的，我为你而来。”

欧古林想说点儿什么以示反对，马娜走到他身边，将那把一直对准自己的枪从他手里拿了下来。

欧古林碰到了她的手，一下子跌坐回椅子上，虚弱地开口：“你可以留下来，马娜。”

马娜站在他面前，吸了一口他的烟。“欧古林，你应该暂时推开你的工作，把时间留给我。我们应该一起吃早饭，然后聊天。但是有人告诉我，这个男人——”

“我的秘书？”

“你的秘书。”她挑起眉头。

“你要把他像一份点心一样让给我处置，你理解我说的话吗？”她意味深长地眨了眨眼。

欧古林惊愕不安地看着她。

“我的朋友，你不再理解我了，真是遗憾。啊，对，对

了，已经过去那么久了，过去很久、很久、很久了……所有的东西都变老变旧了，你也不再理解我了。”她仿佛轻声歌唱一般。

“我们先去吃早餐。”欧古林生硬地说着，站了起来，陪着马娜去了窗帘紧闭的餐厅。

欧古林想要开灯，马娜却拉开了窗帘，让外面的阳光全部透了进来。“再亮点儿吧！”她笑着说道。微笑一下子攫住了这个男人的心脏。这个女人用她的存在填满了这个空荡荡的空间，她的生命力带来了新鲜提神的气息。欧古林忽然感觉到了无力感，另一方面却又仿佛重获新生。他那总是沉重地耷拉在胸前的脑袋这会儿突然变得灵活自如，呼吸也迅速而均匀起来，浑身的肌肉重新变得结实有力。

他们一起吃了早餐，途中一个字都没说。但两个人之间的高墙已经不再，取而代之的是对已失去时光的沉默追寻。

沉默被突然而至的秘书打破。

欧古林冷冷地问他有什么事情，他不希望在这会儿被人打扰。

这个侏儒面无表情地走了过来，他一言不发，取出了一把左轮手枪，直直朝着欧古林开枪，但却没有击中他。电光火石之间，马娜一把将他拉住，武器落到地上，马娜迅速地捡起来，砰、砰连续两枪，射穿了他的心脏和头颅。

惊闻枪声的士兵和雇员蜂拥而入，不知所措地看着欧古林，而他脸色苍白，半个身子往下瘫去，勉强站在那儿。

在片刻的迷茫之后，欧古林的拥趸立刻想要打翻马娜。欧古林示意他们停手，几乎没力气说话，只能指了指地上的死人。经过挣扎之后，他突然爆发出一阵可怕的、如蛮子一样狂野的声音——怒吼如一阵飓风：“把这条狗给我带出去！他想杀了我！滚出去！”他沙哑地吼叫起来，涔涔冷汗从脸上落下去。他一把抓起马娜的手，把她拖进了自己的办公室，反手锁上了门。马娜的目光对准他，就是这个男人——她曾经爱过的男人，她为了他去谋杀别人的男人。

原本内心充满不确定的欧古林，经历了一个可笑的谋杀者的子弹之后，现在只想用他所有的力量来填满面前这个女人。两个小时之后，契卡逮捕了两百名嫌犯。二十四小时内，上百人都进入了尸体腐化室。这个当权者终于找到了几分钟的安宁，彻底把自己沉浸在这种平衡感当中。但他生命中持续不断的恐惧，却仍然牢牢地侵袭着他。

13

马娜说：“你生活在一个漂亮的环境当中，菲多·尼古拉耶维奇[1]。你变成了一个什么样的人啊！欧古林同志，到来的不仅是苏联的时代，更是你的时代。你很清楚，因为你在害怕。很多人必须死去，你才能够活下来。”

欧古林答道：“你不再相信我了，马娜。我感觉到了，从你离开我的时候我就知道了。我一直期待你回来，因为我和这座城市一样，正在衰老。有时候我会生病，那个时候我就在祈祷，我悄悄地祷告，在谁也看不见的地方。”

① 即欧古林。——译者注

他受尽折磨又惴惴不安，坐回到椅子上。他把头埋在手里，若有所思地盯着地板。

马娜问："你为什么不回复我寄给你的信？我在边境等过你，你没有来。"

欧古林跳了起来，怒喝道："我当然没有回复你！并不是因为我没有收到！"他说这话的时候回到办公桌前，激动地在一沓文件中翻找，拿出一个文件夹，炫耀一般地拿在手里挥舞。"这里——这儿！都是你的信！至于在边境——"他刺耳的笑声划破了空气，"是的，你必定到了令我厌恶你的地方！"

马娜向他微笑："你说得没错，我的宝贝，我在这里。"

欧古林陷入愤怒当中："我早就知道！我本可以用我的生命来起誓！我当然知道你为那个你爱的男人牺牲了什么。我难道没经历过吗？我的灵魂难道不是因此受伤，我的身体难道不是因此衰老吗？！"

面前的女人在冰霜一般的沉默里僵硬无言。

"你爱着另一个人！"

马娜激动地迅速抬起头来，直挺挺地站在他面前道："我爱着一个人！而这个人，就是我此刻站在这里的理由。欧古林同志，你把私人感情和公事混为一谈，大错特错！这不单单影响了你我他三个人，甚至还包括整个世界！"

"全世界？"欧古林苦涩地笑了起来，"在你曾经为我，或者为你自己战斗的时候，你考虑过全世界吗？你过去爱过我，但那都是过去的事了。为什么至今都还要向我撒谎？要知道，在有的方面没有人比我更了解你。"

"你不是唯一一个。那个让你憎恨的人，才是唯一的那一个。”

“明天他就会成为新的标准。当你无可奉献的时候，你也会离开。他也会和我一样，变得衰老多病。你终有一天会像今日找我一样去找他。那么，那个人会比我更憎恨你。”

马娜一动不动。过了一阵，她开启了一个新话题：“欧古林同志，你能听我说话吗？”

“斯瓦斯科同志，我可以听你说话。”

他有些不确定地抬了抬手示意她坐下，开口说道：“首先我要感谢你救了我的性命。你和每一个当时处在你位置上的苏联人一样做出了同样的、应有的举动。”他牢牢盯着她。

而马娜则谈起了中国，谈起了那些苦力，谈起了这个民族所受的苦难和迸发的革命思想。最后，话题到了Y身上。

欧古林仅仅点了点头，表示赞成和理解——这副模样让人感觉，他并没有在仔细听，而是沉浸在了自己的世界里。

马娜的话语充满激情，沉浸在自己的内心世界当中，她的话语越发狂热，在最后到达了顶峰：“苏联有革命的义务，向那些发生在中国的运动示好，并且以庇护人的身份施加在中国的影响力。中国对布尔什维主义有着迫切的需求，苏联应当达成一个世界性的功绩，而不是狭隘地专注本国的事务。中国就代表着亚洲，而亚洲代表了新世界。”

欧古林冷淡而镇定地回答道：“我一直专注每一件事情。苏联早就开始关注中国。如果我没记错的话，你为了今日所振兴的事业，当时就开始致力于这件事情，并且主动请求去国外。苏联方面迄今为止并没有作出表态，这可能让你有些疑惑。”

马娜取出她一直拿在手里的包，从里面掏出一沓文件，丢在了这位全权委员长的桌上："这就是我们需要的担保协议。"

欧古林粗略地浏览了一下面前的文件，马娜则相当振奋。直到他看到苏联驻沪代表的附带文书才变得激动起来。他显然气恼不已，直挺挺地站了起来，在房间里来回踱步，最后停了下来。

"这个代表似乎并不太专注政治问题。我们的代表在国外的高度自主权——这个问题在我脑子里面盘旋着，整整五分钟我都恐惧不已——这很可能给我们带来相当危险的冲突。而你，斯瓦斯科同志，对这些事情显得还很陌生。我猜想你可能受到了误导。你得知道，一个国家光靠理论是活不下去的，我们都得一命呜呼。发现了这一点之后，我们的体制已经越来越具备实践价值了。"

他咧嘴笑了笑，这让他的眼睛几乎完全从脸上消失了。他手里升腾起来的烟雾将他整个人完全挡在了后面。

"斯瓦斯科同志，现在我得让你明白一些事情。你递交的这份担保协议，苏联永远不会签名，因为现在我们无暇顾及国外的事务。可以说，我们被一堵长城包围着，它让我们完全和国外的任何事情绝缘。"

他舒舒服服地坐在了自己的宝座上，弯着身子往后靠去，带着上位者的权力欲望环抱着手臂。

"当然了，如果你们足够聪明，在这短短几年里从我们这儿学到了足够多的东西，或许会变得体面一些。酝酿着新革命的土壤相当肥沃，很可能会有一场丰收。现在它还需要我们的帮助，我也坚信我们两个帝国能够把这个风暴带动为世界性的革命浪潮。那个衰老而蠢笨的欧洲不得不相信这一切。"

欧古林把自己笼罩在越来越浓厚的烟雾中，逐渐变成一个轮廓模糊的影子。

“你还知道你是谁吗？！”马娜朝他大吼道，“一个沙皇式的统治者！为了几个卢布的收入出卖了自己的理智和根基！这就是你的样子！邮局柜台后面的沙皇，这就是你，蠢货乡巴佬！”

马娜双手握拳砸在办公桌上。欧古林不由自主地往后退去，伸出手护在自己面前。

“我会证明你在撒谎！我会向整个苏联证明，你欺骗了它！你刚才所说的话，尽可以对国外的报纸去说。但是我，我对你的政策了如指掌！我会干干脆脆地向你，还有向以你之名的那些人证明，你们在中国和蒙古安插了多少间谍，他们总有一天会用愚蠢的方式毁掉你们的一世英名……”

欧古林猛地站起来，一把推开椅子，甚至将它掀翻在地，双手朝马娜抓去。

这个鞑靼女人将他用力推开，让他一下子趔趄后退好几步。“注意一下你的仪态！我马上就去找……”她朝着门口走去。

欧古林脸上露出一个恶毒的鬼脸笑容——因为门已经被锁死了。“我知道你想去找谁，但是你已经没有机会了。你也别想再看到苏联或者中国。因为现在，我时来运转了。”

他从一个公文包里拿出一沓信件，举到她鼻子前：“这儿！看看吧！一旦公开，你死无葬身之地！”

马娜迅速地浏览了这沓信件，恼怒地喊道：“这是诽谤！”

“这些信件正在送往国家契卡的路上。”

“这些信件是伪造的！”

“但它能够证明——”

“能够证明你是个无赖！”

“……能证明你和英国有瓜葛，你在国外从事敌对苏联的活动。”

“那担保协议呢?！”

欧古林晃了晃身子：“你确实是无罪的，这些信件也确实是假的。你方才杀死的那个人——我的秘书，在这些事情上面可是相当精通。”

马娜眼前的整个屋子都开始天旋地转，只剩下一片模糊的灰色暗影。突然，一个念头闪电般地从她脑子里闪过，她重新恢复了镇定，冷静地思考着，开口说道：“原来我落到了你的陷阱里，这儿纯粹是个捕鼠器。”

“为什么要把它说成陷阱？当你再次站到我面前的时候，我喜出望外。”

“是吗——”马娜拉长了声音回答道，“秘书已经报上了我的名字？”

这位全权委员长的额头上露出皱纹：“他报给我的是另一个人的名字，而那个人我无论如何都不想再见。你破门而入的时候，我简直太惊讶了。”

“但你的秘书拿走了我的身份证件。”

欧古林若有所思地睁大眼看着她：“他只是提了另外一个名字，什么都没说。”

“那么假设我这次没有遵从我的本能，我也不会这么轻易地落入你的圈套。”

欧古林忽然感到一阵巨大的满足感。

“那么欧古林同志，我什么时候应该被逮捕？”马娜用冰冷的声音问道。她靠在房间的一个角落里，微微垂下头，额头的碎发落在了她的脸颊上。

“肯定是明天，斯瓦斯科同志。”这位委员长清晰地回答道。

“从今天到明天，中间还有一夜，一个冗长的夜晚。这让我有足够的时间来思考一下我的人生。”她的声音模模糊糊，但却相当坚定。

“我会让你回到房间里面。在你被逮捕之前，你都一直是我的客人。不过，我或许不能给你完全的人身自由——像人们习惯的那种自由。”

他按下一个按钮。马娜什么也没说。欧古林拿起那份担保协议，把它轻轻地丢在办公桌上。“一切都会在明天变成灰烬，你可以把它撒在自己的脑袋上。”

房门打开，两个人走进来把她从这儿带走的时候，马娜浑身几乎已经没了力气。

“把斯瓦斯科同志带到她的房间。”欧古林坐在书桌后，镇定地命令道。

马娜和这两个人离开了这里，穿过一个走廊，走上两层楼，最后停在一扇门前。房门打开之后，她一个人走了进去，随即门“砰”的一声在她身后锁上。房间昏暗没有光亮，似乎也没有窗户。突然，灯亮了。

马娜睁开眼，惊愕地看着自己身处的这个地方——一个带着内室、极尽豪华奢侈的卧室！它精致华美到和一个女公爵的闺阁相差无几，哪怕是大床华盖上面的花冠都分毫不差。从枕头和玻璃瓶中涌入鼻端的香气多么美好，让人的神经和思想完全放松了下来。

兴许在革命最开始的那几天，曾经有女人也躺在这些被谋杀的公主或者女公爵的床上。但对于她现在所看到的景象而言都算不上什么了，革命似乎把这个房间彻底给忘了。

一切就像一场梦——从她童年时期开始就一直没有停下的一场梦，她不断追求着这个梦，直到它终有一天可以实现。

她为了这个梦，抛弃了自己，欺骗了自己，为了实现它又徒劳无功地奋斗，把自己奉献到了新秩序和新规则的斗争中。

欧古林！他究竟从自己身上获得什么？将她占有为情人？她恐惧地思考着。她不得不想想Y的事情。不惜任何代价——她又想起了担保协议——那是她的使命，是她来到这里的原因。她越发不安，整个环境都在向她施加着压力。她想要出去，但大门紧紧锁上了。被捕获的恐惧感侵袭着她，不久之后她又陷入了一片幻想的海洋，柔软、舒适的感觉又重新回到她身上。马上就要死了——即便是这样的念头也不能让她重新紧张起来。甜美的麻痹感窜进了她的四肢百骸，让她筋疲力尽。整个夜晚都这样过去了，她无法闭上眼睛。直到最后，她再也无力抵抗疲惫，在装饰着花冠的华盖下沉沉入睡。

当她再次醒来的时候，哪怕看不到一丝日光，她也意识到：黑夜已经过去了。她重新恢复平静，感到自己又有了活力。

把她带到这儿的其中一个人端来了一桌丰盛的早餐，接着又无声无息地离开了这里。

早餐后，她在房间里面来回踱步，思考着自己的处境。她想起自己眼下的境况，不得不笑了起来。她的第六感告诉她：

自己应该处在一个相当不错的环境当中。被监视的感觉慢慢变得不那么难挨，对下一刻的担忧也逐渐减弱。时间一点点流逝，但什么事情都没有发生。接着是晚餐，同样精致的美味佳肴让她食欲大开，甚至抽了无数支烟，换上了睡衣入眠。她逐渐失去了对时间的概念，唯一的感受来自每一餐的时间。那些让她焦虑的思绪完完全全从脑海里撤走了，她沉浸于现在这相当舒适的生活当中。

不久后，她开始感觉无聊，但她并没有想过逃走。她感觉到一阵甜蜜又迷醉的麻痹感，她做过斗争，又完全失败。

14

当欧古林打开门走进来的时候，大概已经是夜晚了。

马娜躺在床上，却没有睡觉，百无聊赖地嚼着一颗糖果。在对方走进来的时候，她稍微直了直身子，向他投去蒙眬的目光。

欧古林没有靠近床边，而是带着无上的礼节问候了她。

“我的女士，您在这儿感觉怎样？”

马娜注意到了这个讽刺性的称呼，也讥嘲地回应道：“我给您带来不便了吗，欧古林同志？”

欧古林听着她的话，答道：“您看上去相当不错。”

“在您一声不吭闯入之前，我都很不错。我倒宁愿放弃这一切。”她跳下了床。

欧古林打量着她：“睡衣很迷人。”

“您觉得——我们非得继续用这种方式说话吗？”

“完全不。”他眼里忽然闪现出少见的光芒。

马娜没有给他说话的机会。“你对我做了足够深入的测试——用死亡来考验我了。那么我的逮捕到底怎样了？契卡的工作效率可真是有些低啊。”她露出一抹粗鲁乖张的笑容，“或者他们压根没反应？我可不信！我倒宁可相信，我的朋友欧古林疏忽了这件事，忘了把那些足以让我粉身碎骨的信交给契卡。不过逮捕我，你究竟有什么目的？”

“我应该让您……”

马娜怒吼了起来：“给我闭上你的臭嘴！你现在在一个女公爵的闺房里面，举止体面一些，否则我可要一巴掌抽在你脸上！”

欧古林哈哈大笑，但当他看到马娜满脸愤怒的时候，笑声却梗在了脖子里。他知道，这个女人说这番粗野的话绝对不是出于逗乐或者高兴。

“笑一笑吧，我的孩子。找点儿乐子怎么样？今天是个例外，我心情很不错。放开点儿，这里有最好的香烟和果酱。”她把手递给他，欧古林满怀热情地拉住她的手献上自己的吻，冒出几个难以辨认的词语，“斯瓦斯科同志。”

马娜转过了身去，她仿佛现在才回过神似的，她该从梦里醒过来了。斯瓦斯科同志——这才是她。她差点儿迷路去了哪儿？她刚刚在想什么？她看着面前站着的欧古林，感觉到他的目光在自己身上来回打量。他沉默着，而她则探究地注视着他的面孔。两人的目光相接，他脸上露出了一闪而过的失望之情。

“你想从我这儿得到什么？”她强忍自己的不安，在问话间已经失去了镇定，跌坐在矮沙发中，死死盯着他的一举一动。他那暂时的安静让她感到相当陌生，甚至充满焦虑。

欧古林没有停下脚步，来来回回用蜻蜓点水一般的目光扫过她，说道：“斯瓦斯科同志，你对你身边的一切都兴致勃勃，你从未把我视作一个内心强大的人。”

马娜想要反驳他的话，欧古林用一个简单的手势阻止了她：“不要打断我，现在轮到我说话了。无数男人在你的生命中来来去去，你也从未忘记过他们的存在——或许是出于感激，或许是轻蔑和厌憎。但是他们所有人——我不单指男人，而是指每一个人，都只是你生命中一个暂时的过程。所有人都会离你而去，把你一个人丢在原地。唯一一个从未离去的，一直在路上陪你到终点的人，是我，菲多·尼古拉耶维奇。”他沉默下去，用力地呼吸着，又道：“没有任何一个人能够像我一样透彻地看到你隐藏得最深的内心。当你来到我生命中，我就会一直追随着你和你的生命——永不懈怠。当你不在我的身边，不再陪伴着我的时候，在我脑海中的画面却变得更加美丽，让我真正认识了你。但这都只是先前的念头了，是我走进这个房间，跟你开口说话之前的事情。”

马娜脸上露出了玩世不恭的表情，瞪大了眼睛有些迟钝似的看着他。欧古林的声音变得更加坚定了：“你在国外的工作我知道得一清二楚，我什么都清楚，包括那个叫作Y的混血中国人。我知道中国发生的运动，我也知道你和这个男人站在风口浪尖。我还知道你总有一天必然要回到我这里来，包括那个对你们来说相当重要的担保协议。但这对我来说这些都不够，我想知道的是更深层的，是人性。”他的声音逐渐变得明快起来：“你很快就会明白这一切。你知道我让人写了那些对你不利的信件，你要回来的消息我也已经转达给了契卡。我本来可以在你一下火车时就把你逮捕——包括那份担保协议一起作为

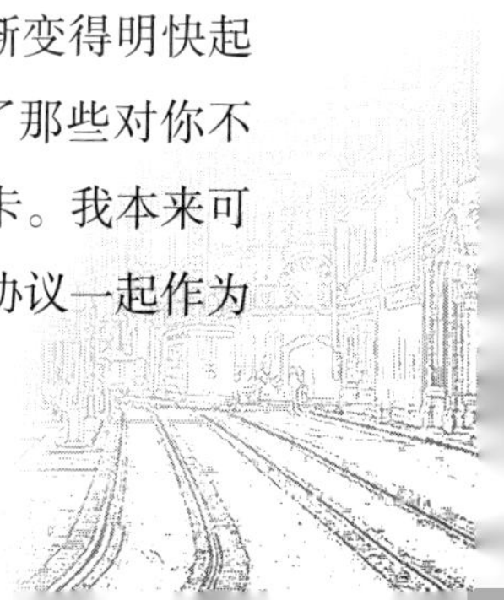

你背叛的证据交上去。如果我想报复你，那么把你关在我的地方完全是多余的。你把我想得够卑鄙了，你以为我要利用你女人的弱势地位来实施报复手段！”他说到最后一个字，几乎是吼了出来。“我承认，对于你，我作为一个‘男人’的欲望往往比作为一个‘人’要来得更多。但你如果把我当成一个畜生就搞错了！你辱骂过我，你把‘乡巴佬’这个词甩在我脸上，不错，我就是！你这样的词语完全不能伤害到我。但这个词语还有别的意思，我现在来告诉你：当我让人把你带到这儿来的时候，我希望你用尽一切手段从这里逃出去。我希望看到一个绝望的、受尽折磨的你：战斗着，却不是为了你自己，而是为了中国。”他哈哈一笑，“但我看到的是一个气派十足的女公爵，一个咒骂着别人让她吃尽了苦头的女公爵。你的一举一动都一刻不断地处在我的监视之下，这里的环境足够让你像一个囚犯一样被吞噬殆尽，你能把自己是谁都给忘了。而现在我知道了，一穷二白地出生又成为一个革命者意味着什么：对权力的贪求，对他无辜的出身的报复。”

被他的话击中的马娜猛地暴怒——整个革命的谎言似乎已经变得明确起来，她猜测，那些兄弟同盟中为了他们的理想流血牺牲的人，兴许到头来都只是一个恐怖分子！欧古林教会了她这一点。

欧古林站在她面前，深深注视着她。“斯瓦斯科同志，你没有通过我的考验。但你不必担心，你只是没通过‘我’的考验而已。在苏联没有第三个人会知道这件事，他们对这些事情仍然一无所知。”他的目光在她身上流连，“你对我来说不啻于我生命中的欺诈——失望之情仍然无法抵消这一点。

你不必再担心那些信件了，我已经销毁了它们。现在，你自由了。”

马娜颤抖地抬起了头，对于自己听到的话不敢置信。但是，担保协议呢？——她不敢开口提这件事。真是耻辱！现在什么事情都从头开始了。她必须鼓起勇气从眼前的消沉中站起来。

Y！这个任务对他们来说有着无可比拟的重要性，她必须完成自己的使命，不惜一切代价，并且她已经准备好为此付出一切代价。她沉着地问：“欧古林，我需要担保协议的签名。”

欧古林陷入冰冷的沉默中。

“你难道把它毁了？！”她一把抓住他的肩膀怒吼。

“斯瓦斯科同志，您现在已经自由了。只要您想离开这里，随时可以离开。”这位委员长回答道。

“人们今天就会知道，你背叛了你的政府！”

“您觉得没问题的时候，就可以离开这里了。”欧古林仍然无动于衷。

她可以离开了？她在这里说过的话可不是疯言疯语！欧古林挫败了她一切的安全感，晕眩、未知，坠入无望的深渊，她置身于人性弱点的迷宫之中，找不到一条出路。

“担保协议呢……”她再次开口问道。

“担保协议我会签字的。过来吧。”他决绝地走到门口，“斯瓦斯科同志，我在我的办公室等您。”

马娜愕然地盯着他的背影。他消失在了走廊上，只留下脚步声仍在回响。

15

半小时后，马娜再次来到了欧古林的办公室中。对方用公事化的平静口吻告诉她，他这会儿正在用电话召开一个秘密会议。他对各个方面都表现出了相当大的兴趣，向马娜询问了中国的总体政治状况。当她做汇报的时候，他不断地做笔记，时不时抬头看她一眼，颔首提出几个问题，仿佛忘我地投入工作之中。

对于马娜来说，这样的场景有些压力，好像一整个阿尔卑斯山脉都压在她身上似的。随着时间流逝，她的紧张情绪一点点攀升。

电话响了。欧古林拿起话筒，满意地点点头之后挂断了。他让马娜和他一起过去，离开房间，来到另外一个有些褪色的刷了绿色墙漆的小客厅。这位委员长让她待在这里等自己，随后不再做多余的解释，离开了这个会客厅，将她一人留在这儿。

半夜两点钟的时候，苏联代表来到了这边。

马娜逼迫自己思考一些毫无干系的事情，但一切都是徒劳的。她从来没有这么清醒过。空气令人难以忍受，她想找扇窗户透透气，小心翼翼地拉开了厚重的帷幕，让光亮透了进来。随即，她将窗户打开一条缝隙，朝着街上张望。

早上七点，欧古林再次来到了这个绿色的会客厅。马娜仍然清醒无比。在他进来的瞬间，马娜仿佛浑身都失去了力气，面前这个男人变得有些陌生，或者她对他而言也同样陌生？

他做了一个简单的手势，将这份写有苏联代表签名的担保协议交还给她——现在这份担保协议可以保证，苏联将对在远东进行的任何运动给予资金上以及其他任何支持。欧古林邀请她与自己一起吃早饭，并抱歉地表示，自己最迟半个小时之后不得不离开这儿去外省。

马娜接受了。欧古林在离开前说了一些客套的话。紧接着，两个人都陷入了沉默，但两人看上去都有无数要说的话。马娜朝他伸出手，欧古林有些迟疑地握住她的手，轻轻地印上一个吻。他的嘴唇在颤抖。

接着，这位委员长推门离开，马娜被一个人留在了这里。

16

二月十四日，二十二点整。

马林仍然待在他的房子里面，等着一个给他打来电话的女人的来访。他想知道她的名字，但自己却无论如何也想不起来关于这个女人的任何事情。这几周以来，这件事情一直没有让他安宁过，他需要一个舒心的事情来转移注意力。看上去这个谜团现在就要解开了。在这个小巧舒适的客厅里面装饰着许多花朵，面前有一顿晚餐，甚至还有冰过的香槟。当他看到眼前迷人景象的时候，突然感到毫无理由的不安，这种不安几乎让他想赶紧逃离这里。他抽烟抽得越发厉害了。

二十三点。他的服务员递过来一张名帖，报出了一位先生的名字。马林原本不希望被人打扰，他扫了一眼面前的卡片——史密斯先生。他叫住了刚要离开的侍者，让他等在那

里。他有些费力地思考着，回忆着南京路上的那家咖啡馆，那次意义重大的对话，以及，史密斯先生。他突然对那个男人产生了一丝兴趣，以至于让他暂时忘记了眼下期待的这场艳遇，而想会会史密斯。

从侍者离开到Y——也就是史密斯走进来的间隔，时间只过去了不到一分钟。当两个男人握手的时候，僵滞和古怪的氛围蔓延开来。马林表现得彬彬有礼，而Y同样举止和蔼可亲。

马林开启了对话，但他仍然无时无刻不在期待着自己等候的那位女士的现身。不过，眼下也是他的社交——和史密斯在一起更为愉快的社交，即便他也不知道如何应对现在这个棘手的局面。

史密斯对于这位法国人的困惑，报以一个微妙的、有些讽刺的微笑。而这个笑容后面则是一张严肃的面孔，含蓄而充满敬意。马林越发沉默，完全被自己这位客人吸引住了。

史密斯先生说道："您无须担心今天的晚餐和那位您等待的女士。在这种拜访中，我决计不会打扰到您。"

马林越来越难以掩饰自己的窘境，尴尬的气氛在沉默中变得越来越浓厚。

"我能抽烟吗？"史密斯从烟盒中抽出一支烟问道。

这句话作为契机，两人总算展开了流畅的对话。

"是什么事情让我有这个荣幸，得到您这样的贵客来访？"

"马林先生，你或许还记得我的名字。"

"我可以毫不脸红地吹嘘自己对他人名字的记忆力。另外，您的名片——在南京路的咖啡店里……"马林若有所思地开口。

"对。"这个混种人点点头。

“希望您能允许我提一个问题：先生，您是如何在这儿找到我的？”

“我当然在找您。但您要是认为，您能够完全淡出我的交际圈子，可就错了。让我来解答您的困惑吧，我可以这么说，我一直和您待在一起。”

马林目瞪口呆地看着他。

“还记得我们在南京路上的对话吧？您很少一个人独处。不过，您可别把我看作一个魔法师或者东方来的有神秘力量的人。”

马林的思路逐渐清晰起来，他对这位客人有了一个相当明确的态度。

“那么，您对我的兴趣从何而来？先生，这些事情一定花费了您不少的时间和精力。”

史密斯显然沉默了。马林此刻已经有些激动起来：“您到底想从我这儿得到什么？你我之间有什么必然的联系吗？或者您还有别的原因？请您好好说一说！”马林的声音不由自主地变得尖锐起来，听上去甚至有些攻击性，他面对眼前的局面看上去也有些急迫了。

“我看到了，您已经有些不耐烦了，马林先生，”这位客人带着有教养的镇定不慌不忙地回答道，“您还在期待一位女士的来访，期待着今晚浪漫的一夜。”

说到这里，他的声音突然变了，坚定冷硬得仿佛一把利刃：“我简单地说一下吧，您还记得在我们第一次见面的时候，我跟您说的两座高塔吗——先施和永安。您还记得我当时说的话吗？高处的那个会因为高度而摇晃，而矮的那一个，则会在

更高的楼的阴影之下——总有一天这会变成一场大灾难！”

法国人困惑地看着他。

Y站了起来，他的目光尝试着压制住马林。他带着阴郁而可怕的语调说道：“这个大灾难马上就会到来，战斗的序幕已经拉开了。”

马林猛地斗志全无，僵硬地看着他，一个字都说不出来。在他重新恢复思考之前，门突然打开了，而莉莉安走了进来。

17

莉莉安的突然到来给了马林时间来应付自己丧失冷静的尴尬。他面带微笑，莉莉安也发出一阵明亮的笑声。

当莉莉安看到房间里还有一位陌生来客的时候，收敛了自己的笑容。自己与马林之间的亲密举动被一位陌生人发现，让她陷入极度的难堪之中。而马林的举动也让她难以理解，事实上，她对于他的行为有些愤怒，想要转身离开。当她的目光落到这位特殊的客人身上的时候，两人的距离已经相当近。对方的目光仿佛要将她穿透一般，莉莉安被这样的目光吸引住了。

马林已经不那么无措了。他观察着莉莉安和史密斯之间无言的对视，也不放过莉莉安的一丝变化。他知道如何对付眼前的局面，他的思维很清晰。在他重新整理好自己的思绪之前，史密斯先生已经走到了门口，简单地道别之后迅速离开了这里。

莉莉安和马林仿佛被固定住一般看着他离开；与此相反的是，他们的感知却异常敏锐。

马林被一连串莫名其妙的事情折腾得筋疲力尽，他坐回椅子里，给自己倒了一杯酒，一口喝光之后，他的脸重新恢复了红润。而他对莉莉安说的第一句话，就是问她，是否也注意到了这个男人——这个或许应当被自己称为“客人”的男人。莉莉安点了点头，兴致勃勃地询问他这件事情。

马林简单地向莉莉安描述了过程，但避开了一切关键性问题，以至于莉莉安不会提出任何敏感的疑问来。

马林突然又陷入了沉思，直直地看着她：“另外，你是怎么过来的？”他还在想着本应有的那场艳遇，但显然局面对他来说变得有些尴尬了。

莉莉安有些惊愕地看着他，琢磨着：他难道不想见我？她回答道：“我待会儿向你解释我为什么会在这儿——我没有打扰到你吧？”

“你怎么会打扰到我。”马林有些不确定地撒了个谎。

“你的客人真是个奇特的人，当我走进来的时候他就逃走了。你们应该正相谈甚欢，甚至桌上的汤——看上去如此美味的汤，还没有动过。你认识的熟人可真是奇怪！”

马林挠了挠自己的脑袋，仿佛从马上摔下来一般：“什么汤？什么熟人？”

莉莉安为了安抚马林，试着笑了笑。

“看看你这样子！我真要感到惊讶。你怎么把那个男人请过来的？”莉莉安迫不及待地想要知道这两个人到底是什么关系。

她认为马林还邀请了自己，但现在看来，马林压根不知道她也会过来。

马林的耐心被磨光了：“我也没有邀请这个人！”

但莉莉安并没有明白这句话到底是什么意思，她仍然相当

惊讶——那么他究竟在等谁？他在愚弄她吗？

“我等的人没有来。”马林补充道。

莉莉安挖苦道：“一个女人？”

“一个女人。”马林粗暴地叫道。

莉莉安提高了嗓音：“你等的女人只可能是我！你打电话让我今晚来找你！”

“一个满怀嫉妒的女人的伎俩！”他毫不怜惜地回答道。

莉莉安却坚持自己说的没错。

她的坚持让马林不由得起了疑心。莉莉安声称他今天中午打电话邀请自己今天晚上过来，此时马林已经确信，这确实是个怪事。他总算有机会从最开始的尴尬处境中脱身，他只需要承认，这一切都是一个玩笑，而自己当然是在等她。但因为还有别的势力掺杂其中，让这个玩笑显得有些不合时宜，他避免了任何可能让自己陷入不清不楚的话语，向莉莉安解释了一切。他们的对话谈到了这位客人——史密斯先生，马林对这个人再一次燃起了兴趣。而自己和这个混种人之间的对话内容，他则没有告诉莉莉安。

但有的话很难憋在心里，他的话在脑海中来来回回敲打着，难以找到突破口。他命令仆人，不要放任何人进来。他与莉莉安之间的距离更加亲密了，伴随着香槟和松露肝酱，他尝试着用一种轻快浅显的方式向莉莉安吐露一切让他如此难以承受的事情。

突然，一道明亮的火光从他脑海中闪过。斗争——莉莉安——那个黄种人，混血中国人想见莉莉安一面！一切都和这个坐在自己身边、一无所知地吃着新鲜水果的女人有关系！马林手中的玻璃杯滑落了下去。莉莉安惊惧地跳了起来，看着他有些僵硬的脸庞，对这个男人充满了害怕，一股脑地问了一大堆问题。在他开口回答之前，电话响了。

马林飞快地走过去拿起了电话。

电话是杜瓦尔打过来的：他，马林，今天得去一趟警署！

莉莉安有些扫兴，而马林却一下子激动了起来——她今晚经历的一切让她越来越茫然了。马林让她待在自己的房间里面等他回来，无论如何今晚都得待在他这儿度过。说罢，他迅速地出了门往警署走去。

莉莉安一个人喝光了香槟，她觉得自己已经完全被搞蒙了，只能寻求着心理上的平衡。

18

马林走进了警署总长的办公室。

杜瓦尔从转椅上转过身，有些虚弱和吃力地站起来。马林把手伸过去，他的脸色灰白，声音沉重："原谅我没有来拜访您。"

杜瓦尔点了点有些花白的头，交叠着双臂，用半闭半合的眼睛看着马林："马林先生！我一直认为您是一个相当有能力有天赋的人，我有足够多的时间来认识和了解您，我希望我们的友谊能够顺利结出我所期待的果实。我是您的朋友。"马林伸直了自己的腿，听杜瓦尔继续说道："现在要不要发挥您的全部价值，获取一个与您的能力所匹配的高官厚禄，全部掌握在您的手中了。"杜瓦尔是一个细心而充满经验的心理学家，比起现在已经有些面红耳赤的马林来说，他表现得要老练

得多。马林的变化也被杜瓦尔看在眼里，他有些满意地暗暗点头。

马林一个字也说不出来，有些僵滞地看着杜瓦尔。他嚼了嚼挂在自己嘴边早已熄灭的香烟。这位警署总长把这个目光视为一种开放允诺的态度的象征。现在的问题就是这样：根据遍布全中国的秘密情报员的消息，他们现在准备在这儿搞点动作了，尤其是上海这个城市，将是这一切布局的策源地。这里的政治局势几乎总是不太乐观。但是现在他们所酝酿的这场运动，绝不是为了保护这个民族愚蠢的祖先崇拜不被外国势力影响，相反，这会是一个神秘而隐蔽的行动，它的宗旨就是全面终止目前蠢蠢欲动的文明力量。

这就是杜瓦尔在政策上的全面领导，马林要以完全平静的心态接受这个指令。因为这位警署总长给他上的课程，除声名狼藉的密谋手段之外，就数在上海最高级的外国人社交圈子里的沙龙、俱乐部和宴会厅中的这些日常对话了。即便是在一直有些紧张的金融圈子里面，人们也感受到了潜在的危险，大家都指望着西方的文明世界能对这个远东地区施加压力。至于事情究竟发展得怎么样了，又有过何等的壮大空间，怀疑论者马林将会在和杜瓦尔的对话当中获知详情。现在，他的兴趣已经被唤醒，被利益所诱惑了。

但是现在，不仅是中国的国内局势变得尖锐起来，这位警署总长同样如此。这位穿着考究的先生如今处在一个两难的境地，这个处境让他的呼吸有些困难，但也带来了更广阔的、统观全局的视角。

他们要把这个运动无声地、不引起任何人注意地扼杀在摇篮中，不能惊动敏感的金融圈子，也必须要避免随之而来的危机。另外，即便到了必须要用坦克大炮和武器的时候，他也有义务保证各国政府的名誉。但这一切很可能导致整个商业界不可避免的崩溃。即便是为了打击美元这个篡位者，交易所也会受到相当大的震撼。

牵扯其中的利益关系人与这位警署总长已经召开了无数次会议，他们提出了一大笔钱，其数额给杜瓦尔带来了巨大的震撼。他们要求杜瓦尔按照他们的指示行事，而不是那些在中国有利益的政府。这些政府为了打击西方文明的敌人，采取了毫无顾忌而相当尖锐的措施。尤其是其中一次会议——在北京路上的宫殿中和基德先生一起举行的会议，让这个可怜的男人难以安宁。因为杜瓦尔是一个优秀的商人，此外他还是一个法国人——一个天生玩弄权术和政治的人，他不得不决定一个流血少一些，却更加棘手的解决策略。他甚至也考虑过下野，如果这次行动失败的话，他必然逃不了被停职的危险。

而马林的脑子里仍然琢磨着一个小时之前那罕见的、令人振奋的事情。他的思绪处于巨大的混乱之中，他只顾得上考虑自己的事情。

那么，杜瓦尔现在要如何面对这个戈尔迪之结一般的解决方案呢？他并不需要快刀斩乱麻，现在他已经找到了解决的办法。

马林就是这个解决方案，他必须起用这个人，让他来为自己做掩护。杜瓦尔建议马林重新回到警署工作，负责警署的秘密情报，他会把全部秘密联系中的领导人和接线人交给他掌管。他希望通过这种方式让这个好心的花花公子把革命的种子

连根拔起。他要用巨大的前景来诱惑对方。他清楚地知道应该怎么做，利用他的野心，利用他对权力最原始的渴望。

马林考虑了很久，仿佛有些不情愿地作出了决定，让自己不被杜瓦尔摆布。他应该清楚，成为他的帮凶意味着什么。最终，马林决定担负起对方交给他的任务。他琢磨着，现在自己可算是拿了一副好牌，甚至感觉掌心有些隐隐发痒。千头万绪在他的脑子里交替，他的额头露出了沉思的皱纹，嘴边却扬起一个有些讽刺的微笑。现在，他要从杜瓦尔那儿获得一些线索。

“线索？”杜瓦尔反问道。

“我指的是确切的线索。”马林再次缩小了问题的范围。

“虽然我已经在这群黄种垃圾当中生活了这么多年，但我仍然说不出来什么确切的事情。”杜瓦尔用力地吸了一口雪茄，“这个国家的不确定性太多了，人们每时每刻都处于混乱之中。”

这位“修养良好”的先生确实知道一些确切的事情，但他决定绕开这个话题，继续说道：“对我来说，作出判断甚至是猜测都相当困难。在这儿生活就像坐在跷跷板上面一样。”杜瓦尔看上去显得非常忧虑。

马林最关键的目的在于要问清楚最根本的事情，他的追问再一次向对方施加了压力。

杜瓦尔有些抗拒。那些在他心里徘徊许久的需求和念头，对他来说已经太庞大了。面对马林的步步紧逼，他倒是愿意作出让步。他站起来走过去，拍了拍对方的肩膀表示信赖：“看看吧，我的朋友，如果要说线索的话，在这么一个您也很熟悉的社交圈子里面，那就不得不说一些可笑的事情。”

马林认真听着他说话。“但是听到这些话，对您来说有些难堪，”警署总长有些狡猾地转过身去，“人们在您背后说——说您和莉莉安·碧雷斯小姐有不可告人的关系。”他在得到对方的反应之前，已经做了一连串的解释和道歉，他本人对于这些传闻——这些低俗的下流段子的虚伪性毫不怀疑，包括莉莉安小姐。杜瓦尔的脸庞在愤怒和厌恶中扭曲变形，这位风度翩翩的骑士几乎难以维持平静。

“您到底想说莉莉安小姐的什么事情？”马林掷地有声地诘问他。

“认识莉莉安小姐的人，比如我，都知道这个传闻有多么可笑。”警署总长有些结巴地回答。

马林嗅到了陷阱的味道，他狡猾地绕开了，对杜瓦尔的话表示了赞同，又补充了一句：“我们说说线索的事情吧。”

“您看，传闻可以变得多么滑稽！”

这位警署总长没有达到他的目的，将自己的不满发泄在有些冷淡的友好态度中。“我们当然在谈论线索的事情，”他肯定地说，提出了一个问题，“您听说过Y先生的事情吧？”他说罢，探究地盯着马林。

马林几不可见地摇摇头，Y先生？一个阴暗的猜测从他脑子里划过，他突然变得有些不安。Y先生？这个罕见的名字他是不是已经听说过好几次？这个名字对他来说并不陌生，他似乎也必然认识这个人，但他仍然毫无头绪。

“我们本来不清楚Y先生究竟是谁，但他确实存在。Y这个人可谓无处不在。当然我们知道，现在这个麻烦的人可是想要干一场革命的。或许有一天他就变成了这个年轻中国的领导人来组织起义，那个时候我们就认识他了。我们目前的任务，

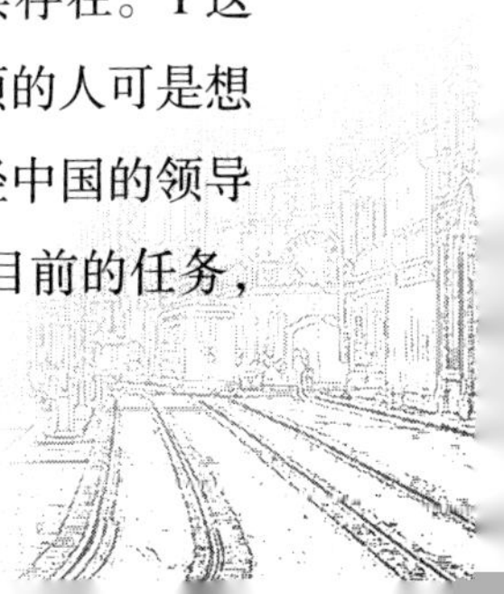

就是去发现他、阻止他。”

“这就是全部内容了吗？”马林沉思着问道。

“不包含我的猜测。”

“那么猜测是？”

“我的猜测可能让人偏离正确的道路，所以把它放到一边比较好。”

“并非一直如此。”马林继续尝试说服他，“到底是什么，阻止您继续说下去？”

杜瓦尔额头上的汗珠滴落下来，他的衣领已经完全湿透了。“我猜测，”他结结巴巴地说道，“我认识Y先生——当然很多人都这么认为，但我想，我一定——一定认识他。”

“那么对您来说，这件事情就变得有利了。”

“我不这么认为。”杜瓦尔带着不确信回答。

“我想，我所知道的已经和您一样了，上司先生。”

总长向马林投去了短促而锐利的一瞥。

马林想说的话已经说完，他准备离开这里。

杜瓦尔拦住了他，请马林和他一起去一个地方。

福州路上的警署门口停着一辆轿车，总长让他坐在了自己的右边，汽车呼啸着穿过了城区。

两人的距离很近，杜瓦尔低声说道：“这个国家到处都是未知，人们每时每刻都处于不确定当中。”他又说道：“住在这里就像坐在跷跷板上一样。”马林应该明白了，这个男人和他的外表——还有那些他的生活所注定的——瞒过了周围的人。对于这种示好，马林应该感到满意，但他并没有放松警惕、忘记自己的目标。

杜瓦尔猜到了他的想法，轻声而坚定地问：“您现在还认为，我认识Y先生吗？”

马林没有明白他的话：“我从未怀疑过这一点。”

“您认为，我认识他这件事情会对我有利——”

马林猛地明白了杜瓦尔的意图。

中国，这个充斥着上亿人口的国家——而Y？当然有Y的存在。甚至他存在于上百万的人群之中，他的呼吸就像毒气一样弥漫着这个国家。这是一个危险的敌人，他用对手的武器在战斗。

这辆车前面出现了中国城中的佛寺宝刹，总共有十到十五个那么多。

令人眩晕而巨大的宝塔出现在蓝黑色的夜幕之下，宝塔像是由许多顶层层倒扣的中式帽子组成的一个金字塔一样，而在这些帽子下面隐藏着无数张人脸，这些脸上布满了凶狠的狞笑——一切仿佛静止了，从远处传来了一声声尖笑，是锣鼓的声音。无数张人脸仿佛聚集在一起，变成一张相当巨大的、漂亮的黄种人的脸。

车已经按照杜瓦尔的意思停了下来，两人的目光都转向了这些罕见的建筑物。

“你看这人脸，”杜瓦尔叫嚷着，冲着这些野心勃勃的宝塔挥舞着拳头，“你看这张脸——这不就是Y先生的脸吗？！”

马林的喉咙中发出一声短促的声音：“Y——！”他的眼睛几乎固定在了这些高塔上，看进了这些宝塔里边去：“啊，是啊！我看到了！”他喘着粗气，抓着自己的头发，闭上眼睛又重新睁开。面前的这一切是海市蜃楼吗？这一阵阵热风要

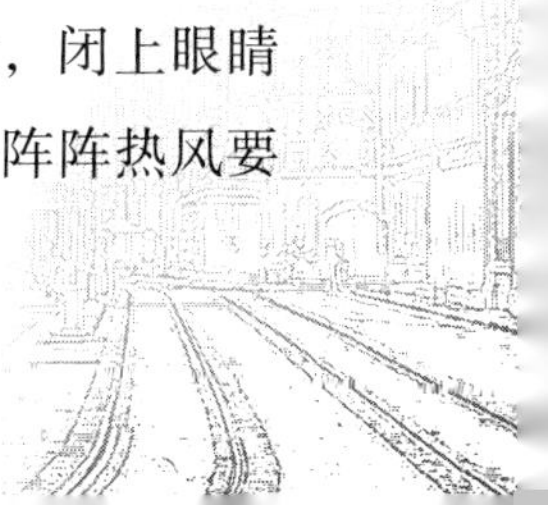

将他的头颅都烧焦吗？这是Y的脸——这不就是史密斯先生的脸吗？！

“现在您认识Y了吧？”杜瓦尔喘着气吐出几个词语。

“啊，是的，”马林艰难地回答道，“但我所认识的，并不是这个空洞肤浅的Y的形象，我认识Y这个人，我认识Y这个符号所代表的这个人。”他带着令人惊骇的肯定语气说道。杜瓦尔对他的话，连半个字都反驳不出来。

发动机响了起来，叮叮当当的声音盖过了任何喧嚣声，直到早上，这个声音才会停下来。

马林完全明白：战斗已经开始了。

19

1925年7月，上千的农民赤足走了上千英里路，衣衫褴褛地来到了广州参加农民会议。他们筋疲力尽，浑身乏力，这群穷人终于到达了城门下，那些憔悴枯槁的脸上还挂着豆大的汗珠。他们的脚一路上饱受磨难，被刮得伤痕累累、血迹斑斑，双臂无力地交叉，交叠环抱着瘦削的身体。这就是中华民族，这就是新中国的基础和力量。农民革命，是社会革命的根基。

距离黄浦江大概十分钟的车程，有一个有着数百年历史的小巷子，终年散发着令人作呕的臭味。巷子太过狭窄，以至于走路过去的时候，人的肩膀能够碰到两边的墙壁。在其中一个木质建筑门口，挂着一块牌子，用四种语言写着“广州宾馆”的字样。无数颜色各异的小旗子装饰着这个低矮但经过一番装饰的入口。在这个“大厅”里面，用钉子交叉钉起来的木板被彩色纸条和裂着口的丝绸包裹起来，几件时新的家具让人们打消了这里是一个古典中式戏棚子的念头。门房是一个克里奥尔水兵和一个中国妓女的孩子，他戴着一顶小帽，这还是他某次从别人身上连带着钱偷过来的。

这个“宾馆”里人声鼎沸，熙熙攘攘，来来往往的全部都是中国人。

但你要是觉得这儿是个贼窝子，那就大错特错了。这个宾馆的主人对于客人正派体面的身份有着一种清教徒式的严格要求。不过，这个宾馆有种典型的中国人的气味，一个文明国家的人决计不会在这儿下车。

一个名叫吴御礼的男人眯着他狡猾又歪斜的眯缝眼，坐在这儿打量着这里的一切，脑子里同样闪现过这些念头。他就像这个国家里面无数游手好闲之辈一样，偷偷瞄着下一个受害者，在这个宾馆中上上下下地走动着。他带着一种哲学家的庄严絮絮叨叨地说着街上的故事，很快人们就不再关注他了。他慢慢溜了出去，双脚几乎被一辆经过的黄包车碾过去。他发出了一声震耳欲聋的号叫，这个声音立刻吸引了一大堆人跑过来围观，兴致勃勃地讨论着他脚上的伤口。在这个关口，摸包贼仿佛一个大师一般灵活地工作起来，而人们赶紧把受伤的人抬进了宾馆里。门房把自己的小帽压得更低，这个小小的插曲让他或多或少有些尴尬。而那个不幸的人一直在号叫，迫使他不得不像善男信女一样大发慈悲地照顾他。可疑的是，聚过来的人群越来越庞大，还有骑着马疾驰而过的印度警察，他们挥舞着棍子朝这群头发稀疏的中国人的头上砸去。为了让街上的人群重新聚拢过来，宾馆门口的一片空地已经被打扫得干干

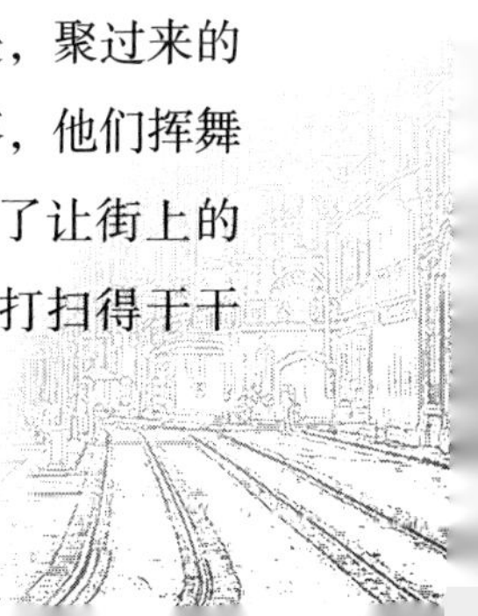

净净。

而在这个空隙，令门房惊愕的是，他回来之后，那个受伤的人已经不见了。他四处寻找也没有找到那个人。这个门房有些高兴，这位给他带来麻烦的客人总算滚蛋了。尽管如此，他脸上的表情也泄露了他的担忧。他坚信他和其他人都被一个骗子蒙骗了。这个男人究竟有什么目的？门房再一次压低了自己的帽子，他这会儿感到相当恼怒和失望。

广州宾馆的日常运转都和往常一样。刚刚那个受伤的“可怜人”吴彻礼沿着宾馆上楼下楼，毫无阻碍地穿过一个开放的游廊——这个游廊包围着一个阴暗的方形庭院，最终来到一个又短又窄的走道上。当他看到那个举止得体的酒店高级服务员老发走过来的时候，明显放轻了呼吸，并做了一个手势，让对方不要引起别人的注意。两个人窃窃私语几句之后，老发迅速地把吴彻礼拉进了旁边的一个小房间里，而他自己则走到了走廊尽头的房间门口，带着恭敬的神情开门走了进去。

老发进的这个房间并不算大，里面已经坐满了人。房间里摆着一张长长的桌子，从墙壁一直抵到另外一头，把这个房间切割成了两部分。桌旁满满当当围坐了一大圈人，而这些人无一例外都神情严肃，每个人脸上都写着千言万语，时不时喝着面前的饮料，或者抽一大截烟。这个场景绝对不会让人联想到狂欢或者盛宴，整个氛围都相当安静和庄严。在场的男士都穿着西装，戴着牛角框眼镜，这里仿佛变成一个文化人的社交场所，这个国家所有受过良好教育的人都汇集到这里。他们的举止如此令人尊重、让人信赖，人们决计不敢去打扰这么隆重的会议。这一切都与他们选择的“广州宾馆”格格不入。

老发一一询问着在座的先生们有什么需要，但人们要求他马上离开这儿，并且用一种中国式的礼貌向他保证：他们不需要他的任何服务。听到这番话之后，老发带着毕恭毕敬的神情无声地离开了这个房间。

现在这些先生们总算能够清净地单独待在这儿了，现在只有他们这群人——至少他们自己是这么认为的。

这位服务员离开之后，房间内出现了一阵短暂的、钢铁一般坚硬的沉默。所有的眼睛都看向一个人——他当之无愧地成为这次意义重大的聚会的领袖——Y平静又镇定地站了起来。他的目光温和而强势地停留在一群比他年龄更大的人身上，而这群人则报之以充满信任和敬畏的目光。Y的声音没有任何激情，也没有手势和外露的情绪，他的声音客观平直，令人信服而印象深刻。在他的眼里闪烁着一簇微弱但激动的光芒。短短几句话内，他已经勾勒出了中国社会所承受的种种苦难景象，但他并没有提到什么党派的教条。他的话语里面只有数字，这些数字构成了这个国家令人震撼的一组数据。而在他的话里，别的什么都没有，没有仇恨，也没有判断性的批评。

在座的男士频频点头，表示认同。紧接着，像封先生、常素林先生还有其他人各自发表了简短中肯的发言。只有一个人，仍然保持着冰霜一般的沉默。他坐在这张桌子的末尾，举止看上去与这里相当不协调，让人无法忽略他。大家让他不要再沉默含糊，请他发表自己的意见，毕竟一个抗拒的放弃解决不了任何问题。

这个男人带着仿佛面具一样僵硬的表情抬起头来，直视着面前的Y。

“我，胡中山，认为应该克制自己的个人观点，”他的声音提高了一些，变得更加尖锐，有时候甚至有些刺耳，“因为我的策略总会被人们贴上不安分，甚至挑衅的标签。现在我被迫放弃我之前的被动立场，为避免我们的行动惨遭失败。”

在座的人克制着自己的不安和紧张——胡中山在说什么？

“先生们，你们现在都坚信，我们的民族崛起是一个国家的基础。这件事情首先需要拯救和保护我们国家绵延千年的古老文化，而它现在正在沦为外国剥削势力的牺牲品。我们民族的风俗习惯和道德传统在国外势力的控制下完全被破坏了，他们要用这种方式把我们变成一个丧失一切精神力量和意志的民族，沦为他们的苦力。”

他的话让在场的所有人都目瞪口呆，但人们都赞同他的观点。那么他到底在反对什么？

胡中山猜出了这次集会的意图，赞同地点了点头。“先生们，我知道，到目前为止我们都在走这条路。但是，”他的声音提到最大声，“但是我们民族为了获得解放要付出什么样的代价，对于这个问题，我们还没有达成统一。先生们，想一想，在我们长城的那一边，有一个国家对我们民族的命运给予无私的关怀——这可能吗？在这么多年畜生一般的奴隶地位之后，你们还相信那些对中国的人道关怀吗？”他发出一阵短促锐利的笑声，混杂在他的话语里面，“鼓起勇气来吧，说不！”

在场的人仍然没有弄明白，胡中山到底要得出什么样的结论。但是，会场中的不安已经越来越明显，人们迫切地想要知道他究竟想说什么。

“我理解，我们没有什么时间了，我会尽快把我的想法说清楚。”他带着一种古老的亚洲式的狂热呼喊道，“中国属于中国人！而不是布尔什维主义者！”

他的话一下子打破了会场里面的平衡，之前会场中的安静和庄严完全被人们的冲动情绪所代替。胡中山被人们包围着，要求解释他的立场。Y则勉强维持着自己的镇定，即便胡中山带领着一大批拥趸朝他走过来，所有人都迫切地希望他解释这一切。

“就是这个男人！”胡中山指着Y，“就是他把中国出卖了！大家去问问他那位女秘书吧，那位这会儿还逗留在莫斯科的女秘书！”

Y的目光锐利地扫过他，开口说道：“胡中山作出了解释，显然他的话是明摆着让我出丑。尤其是那些从外省市来参加这次大会的同志，兴许还不是很熟悉上海的政策。”而这一大群从外地赶过来的人聚集到了胡中山身边，来自上海的人则待在了Y的身边。

几分钟之内，会场中就形成了两大派别，两个党派之间形成了一道深深的鸿沟。Y提高了声音：“上海就是我们这场革命的突破点。而我们来自上海的同志和苏联一直有联系。为了保证苏联方面对我们的革命提供支持，我个人私下确实有一些行动。胡中山先生在我坦承这一切之前就把这件事情说了出来。”紧接着是一阵沉默。Y的人格让人无可置疑。“正如刚才胡中山先生慷慨陈词的那样，我们国家的崛起，显然是与中华民族的崛起紧密联系着。我们的斗争并非仅仅针对那些奴役我

们的外国政府，同样也针对那些把我们出卖给英美国家、为了从石油和棉花交易中获利的中国商人！中国人不是苦力和奴隶，只有那些不懂得从船上走到交易所里跟雇主结盟的人，才是苦力！我们所承受的是这个地球上的全部苦难，对我们来说，和其他国家一样，我们要从苦力变成一个有能力的人！我们有社会主义！我们有列宁！”

Y的追随者激动地欢呼起来，两个党派之间的距离不断缩小，看上去胡中山的拥趸变得越来越少了。

“如果需要我作出什么解释来为自己辩护的话，我所能说的，”Y继续说道，“就是通过和苏维埃的联系，让我们能够无限扩大我们发起革命运动的力量，而我的行为只是利用了一个外向型的政策给我们带来的好处。而这些实际性的好处，正好是我们所依靠的。”Y说罢，坐回了椅子里。

他的话改变了一些人对于中国革命的想法，他说服了大多数人，有人暗暗把他视为一个万事通一样的政治家。他清晰地分析自己的思路，理智地告诉人们，要放弃那些自己坚持的计划，并不是一件舒服的事情。但现在，必须承认，人们完全被他的魅力所折服。任何试图冒犯他人格的行为都是愚蠢的，他们不得不顺从于Y的人格。而只有胡中山仍然尝试着弱化这种危险的一致性——如果他无法阻止的话，至少也要削弱。他用一种沉着的、外交式的平静再一次对Y和他的拥护者说道：“先生们，我很难赞同这样的观点。Y先生关于自己奉行的政策的正当性似乎说服了所有的人，让人们接受了他的做法。但对我来说，这一切反而值得警惕。我们要警惕中华民族再一次沦为另一个国家的奴隶，我们又会有新的债务人；我们还要警惕我们会成为一个意识形态、一种体制的奴隶——它会用最尖锐的方式来批评我们上千年的文化和最高尚的传统观念。”胡中山双手比了一个手势，耸了耸肩，脑袋偏向另一侧。他的动作表达了一种温和而不过分的怀疑。“也许事实会让我们达成一个双方都满意的平衡。我会和我的朋友们一起等待结果。”他甚至有些鲁莽地逃避了责任，而这个行为让Y的计划不再有任何阻碍，也让他能够顺利地实施下去。对立虽然没有停止，但至少不会再产生什么威胁。

Y和这些人不再有任何联系。尽管他有大量的拥护者，他仍然感觉自己是孤独的。他把自己奉献给了这个计划，甚至感觉，自己和马娜的距离又变得更近了。

20

人们为中国即将到来的这场革命举杯欢呼，其中一位——大概是过于激动——将杯子摔在了地上。他本能地弯下腰，几乎把脑袋都伸到了桌子下面去捡杯子。人们并没有过分在意这件事情，但当他的脑袋迟迟没有抬起来，甚至整个身体都爬进桌子下面的时候，大家开始注意到他了。桌子下面的人发出一声难以辨明的咕噜声，接着这位先生站了起来。他的眼睛直直地盯着空气，他的手中拿着一个微型电话，而其余的人沉默地看着他。他拿起一把刀，干脆地切断了一截电线，任它从这台仪器上垂落到地上。这个监听电话在他的手里晃动着，他声音干涩地吼叫道：“你们知道，这是什么——”所有的眼睛都注视着他手里的东西。“你们知道这意味着什么吗？我们的

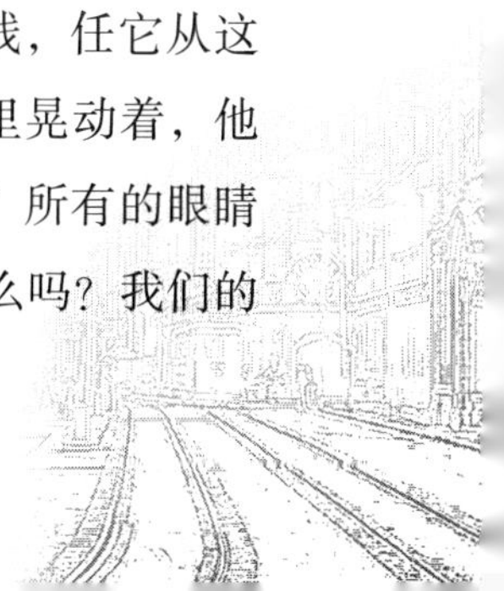

会议被这台机器监听了！在这个房间里面有密探，我们被背叛了！”

先生们脸色苍白地站在原地，惊恐攫住了他们，让人难以逃脱。在场的人仿佛被麻痹了一样难以动弹，人们一个一个地传看着这个监听电话。这个小小的东西在他们的眼里变成一个怪物，一个能吃人的怪物。没有人敢说话，甚至不敢发出一点儿声音。大家知道自己陷入了一个难以逃脱的陷阱当中，大家强压着自己的紧张激动，尽量保持着镇定。现在，他们之间的对立消失了，人们不再考虑政治，而是考虑起自己来。

而Y则想到了马林。

“现在我们可以说话了，没有人能听到了。”发现这个监听电话的人开口说道。

所有人仍然犹豫不定。在他们面前只有一条路——逃。而思考得更谨慎的人知道，比起从这里顺利逃出去，更重要的是整个计划泄露了。他们的每一句话现在都变成了公开的秘密，这会被那些同盟者的政府所利用，他们面临的是灭顶之灾。

这个小小的电话还在众人的手里传递，人们那乌黑的、绝望的眼睛紧盯着它不放。这对每一个人来说都是一个巨大的困厄。

只有Y还克制着内心的紧张情绪，他冷静地看了众人一圈，目光停留在一个昏暗的角落里。突然人群当中出现了一阵骚动，人们不再瞎忙活，而是齐齐把目光投到了Y身上。大家在挑衅他，人人都用一种敌视的目光看着他。这些把他包围起来的人想要干什么？而他，这个直到现在仍然保持着讳莫如深的沉默又置身事外的人到底在想什么？这一切难道没有让他感到丝毫的震撼？他是否还知道更多的事情？在这个国家没有人会对身边的人产生什么信任，人们催促Y赶紧解释自己的态度。大家把他看作这次行动的首脑，并且把最终的义务和责任都托付给了他，他要保证整个国家里的每一个人的福祉。

Y根据人们的愿望和他自己的权利向人们作出了解释。他没有为自己辩护，他也没有毫无顾虑地消除人们的忧虑，他谨慎严密地把人们引向自己的目的："我们已经开始了这场战斗。我们必须要做好准备，与我们的敌人作斗争。想要获得成功的人也必须承受可能的失败。"

"同时，也包括人民的利益。"他强调了一遍。

Y面无表情："先生们，我迫切地建议诸位，尽快回到原来的地方，因为我无法保障各位的安全。请诸位静候，不久之后，民众将会向政府和外交官请愿，而不是向我，因此我们现在必须为这件事情做好准备。无论上海会不会沦陷，中国都会知道：属于她的时候到来了。"

他说完这些话之后，会议就此结束，先生们准备离开这里。在客套的仪式性问候之后，人们开始寻找从广州宾馆离开的通道。人们在离开宾馆的路上四下张望着可能的密探，但却一无所获。众人一个接一个地顺利来到了大街上，而Y则固执地留在会议大厅里面。喝空或半空的酒杯让他有些神伤，那些被推开的、翻倒的椅子提醒着他自己的思绪有多么混乱。各种线索在大脑里面交叠，尖锐得仿佛对立一样。话语从四面墙壁上弹回来，在这个独处于此的男人心里发出沉闷的回响。Y仍然观察着自己面前的这个监听电话，他突然站起身，在房间里迈着大步子走了几步，把挡在自己面前的椅子一脚踹到一

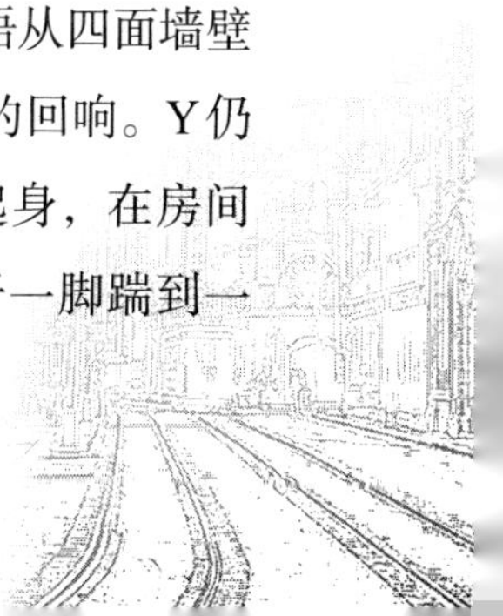

边，按响了房间里面的电铃。静候片刻，房间侍者老发带着谦卑的深鞠躬走了进来，询问他有什么吩咐。Y没有说话，老发便再次重复了一遍自己的问题。Y转过身去，一边说着一些无足轻重的话，一边暗暗观察他。老发的目光被桌子上的监听电话黏住了。这个片刻之前还一脸平静的人脸上出现了波动，Y没有放过他任何的一丝表情变化：惊讶，恐慌，绷紧的注意力交替来回，他向Y投去了谨慎又探寻的一瞥。Y的目光与他相接，他绕过桌子，走到老发的面前。Y知道，现在到他反击的时候了，但他也知道，老发今天扮演了一个什么角色，他又是奉谁的指令来监听他们的——他是马林的密探！Y毫不怀疑这一点，他还知道，整个事情都和他的脸有关系，他这张活着的、生动的脸——所有人都想找出他究竟是谁。这件事情性命攸关，他做好面对一切后果的准备了。其他人或许也有这个预感，因此他面对的即便不是所有人，必然也是其中一部分。要解决目前的困境，只有一个机械的办法——速度。Y很清楚如何利用自己的优势——人们现在对他的生命很感兴趣。他如果死了，绝对不会带来那些人所期待的结果。他打算谋杀，他有这个能力吗？但是他的脸——这场战斗已经拉开了帷幕。这件事情不仅仅是萌芽中的革命那么简单。Y闭上了眼睛，想要熄灭内心的情绪。但一阵烟雾仿佛从他面前拂过，有一束目光深深地攫住了他的思绪和意识，他面前出现了马林的面孔，很快，这张脸又重新变成了一张女人的脸——莉莉安。

她的面孔变得坚硬起来，眼睛的轮廓变得更宽，野蛮人一般的颧骨从那年轻狭长的面颊中凸显出来，被粗粝的黄色皮肤覆盖住。突然，眼前的景象又发生了变化——变作了老发的脸。紧接着，一切都崩溃了，Y看到了一个昏暗的洞，他眼前出现了一层红色的半透明面纱，从模糊当中逐渐出现了一个清晰的轮廓。

在他面前不远，被枪击中的酒店侍者老发倒在了地上。

21

相比起外面，汉口路上那栋沉默的、几乎被遗忘的房子里，仍然维持着舒适梦幻的生活。

Y的身边已经聚起了一个小小的亲信团体，他们是四个戴着眼镜的年轻男人，从外貌上来看长得几乎一模一样：聪明，冷酷，有一张羊皮纸一样的脸庞，狭小的眯缝眼里的瞳孔射出一道精光。他们与Y的关系是无条件的服从，但这并不代表屈从。“同志”这个概念对他们来说已经不再陌生。除了法律、医学和哲学，他们在大学里还学习到了激进的社会主义，1917年之后的俄罗斯历史教会了他们布尔什维主义。无论是由于他们本人的拒绝态度，还是由于Y突然的念头，现在这四个年轻人都放弃了自己本来的名字。他们现在叫作美元、英镑、银两和日元——根据这个国家现在最常见的四种货币取了新的名字。

这些名字取得相当狡猾和聪明。当我们想到资本“贬值”或者“增值”这样的概念的时候，对这些名字实际的深层含义就猜了个八九不离十。他们可以用一种完全不引人注意的方式聊天对话，而周围的人只会把他们当作交易所的小工人一样忽略过去。这四个人可以不受拘束地活动，有的人坐着，有的人站着，有的人来来回回、上上下下地走动。Y的目光追随着他们，比起革命运动而言，他们的消遣对话相当平静，也看不出任何激动情绪。“我想知道更多关于加里克逊先生的事情。”Y对“美元”说道。他的话听上去有些讽刺和恼火。两个人之间的分歧显然没有藏得很好，但他并不想去猜测其中的原因，现在他不得不忽略这些问题。

加里克逊先生是上海最大的国际报业总编，他通过美式技术和犹太人卓越的天赋，向这个社会的各个阶层发行着五份甚至更多的报纸。他经常在自己的报纸上进行相当尖锐的讨伐，他在这张报纸上的声明，又与另一张报纸上自相矛盾，他用脏话、侮辱和诽谤进行口诛笔伐，这种行为的效果保证了他和整个报业的销量以及令人迷醉的收入进账。他代表了整个传播媒体的权力。他算是与基德先生势均力敌的对手吗？金融寡头和报业大亨之间总是有着相当亲密和活跃的关系。而Y将以出色的方式好好地把这个最原始的认知利用起来。

一天晚上，“美元”先生拜访了加里克逊。加里克逊谨慎、害怕又胆怯地斟酌了许久是否要接待这位客人。而他的秘书传递给了他关于这次拜访的一些关键性暗示，这才说服了他接待了这位不速之客。显然，他绝对不会为这个决定后悔，对方为他带来了价值不少于二十万美元的消息——他脸上的表情出卖了自己过分的兴奋。这个无政府主义中国人身上的气质让他完全打消了对这个人可信度的怀疑。“美元”向他描述了在广州宾馆召开的那次中国解放会议的详细情况。通过监听电话泄露出来的消息绝对不可能像他描述的那样逐字逐句和天衣无缝——这正是Y细致入微地教给“美元”的东西。

Y究竟有什么目的？他彻底背叛了自己的事业吗？他把这些人当作工具好好利用了一番，但是他们的反抗情绪他不可能没有察觉。Y想要那些肮脏的钞票，但他仍然没有放弃自己周详的计划。他的目的仍然蒙着一层面纱，对于“美元”和他的其他同伙而言，他们最终都要听命于他的指示，哪怕是错误的也要执行。对于这次使命，“美元”决定要让Y尽可能地满意。

加里克逊决定给这位向自己提供如此重大消息的人一张巨额支票。当他遭到对方坚决的回绝之后，更加确定了这件事情的真实性。

“美元”先生把这个过程向Y汇报了。当他说完之后，Y严肃的脸上终于露出了一丝满意的微笑。而他的第一个问题就是询问“美元”，加里克逊先生支付了他多少钱。“美元”报出了总价：两千美元。接着，他沉默地把钱放在桌子上一一点数。其他人表情僵滞，嘴巴微微前突，看着他的一举一动。“美元”有些迟疑，四个人无声地通过目光交换了自己的疑问。Y的行为有些不同寻常——他是中国战斗和解放的领导者之一，但是Y很清楚，他并没有做什么有损革命的事情，因此他顶着这令人难堪的沉默，丝毫没有要回避这四个人的意思。“美元”点完钱之后小心翼翼地把钱塞了进去，四张张大的嘴巴缩了回去。在这四个人之间形成了一个微型的“共产主义”关系。这个小小的插曲持续了不到两分钟，而对于Y来说却好像两年那么久。他已经不耐烦了，甚至难以掩饰自己的这种情绪，他接受了这四重含义再明显不过的目光，眼前这四个人的黑框眼镜后面好像还隐藏着什么——他可一点儿没有忽

略。他果决地询问他们，是否有什么重要的事情要告诉他。

他们提出想知道马娜的消息，苏联的行动进展得如何了。Y仿佛感觉到有一只冰凉的手盖住了他的心脏一般。他忘记马娜了吗？他现在可算想起来了。但他需要想起她吗？她难道不是一刻未停地与他住在一起吗？她有过一刻离开他吗？她难道不总是出现在他的半梦半醒之间，从他的呼吸当中来来去去吗？在广州宾馆，在那次会议上，她就站在人群当中，站在他们的疑虑和操控当中。现在她正在与他们对话——马娜从来没有消失过。

他一直害怕面对这个问题，他甚至感觉有些耻于提起这个女人。至于这个行动！这不也是她的想法吗？担保协议！他被她架在火上烤着，不是吗？但这一切都在她的手中，变成了他的成果，是她强加在他双肩上的负担。他时常在这种重负之下摇摇晃晃，为了维护现在的平衡而吃力和疲惫——他现在应该如何回答他们？

他自己也不太清楚马娜的事情。他已经好几个星期没有她的消息了，而与他一直保持联系的苏联在华代理人对他的态度也变得谨慎和冷淡起来。签署担保协议或者谈判协商——关于这些事情，他不止一次地暗示过了。但是显然这个布尔什维主义者突然终止了自己的工作，从他的视线中消失了。现在大家需要一个理由，但是谁熟悉莫斯科的这套诡计呢？神秘，充满陷阱，又疑难重重，整个事情好像盘旋在沉闷而虚无的浊气当中，正如同1905年[1]那种地下室的气氛一样！

① 指1905年俄国革命。——译者注

对于他模棱两可的回答，这四个戴着眼镜的男人显然并不满意。他们明显靠得更近了些，伸着下巴交换了彼此的想法，而Y只能让他们等待。

让Y有些高兴的是，他们还有紧急的事情要去办，几分钟之后，这四个人便离开了这里。

接下来的一天早上，整个城市刮过了一阵破坏性的狂风。加里克逊先生出现在了舞台上，这份报纸的销量猛然直线上涨。报业康采恩摩拳擦掌，大亨却表现得相当狡猾，他没有大张旗鼓地破门而入，而是相当谨慎，绝不冒一丝风险。通过短短几行相当有冲击性的字，用极其出色的手法描述了这件事情。整个城市，尤其是那个他想要伸出手去扼住的圈子，现在正经受着他所期待的那种震撼。他把重心放在了确切的暗示上面，而别的却只字未提。在他公开向金融王国发起攻击之前，他先得好好地探测一下这片土地才行。他在自己的办公桌后面筑起防线，任这些事情向自己靠近。在这个早上，加里克逊算得上是这个城市中唯一一个保持平静的人了，而他的电话则一刻不停地响着，或者说在咆哮。所有人都在讨论一个地方——广州宾馆。

上午九点，一辆劳斯莱斯停在了警署门口，从车上走下来的人正是基德先生。他进门的时候，警署总长杜瓦尔和马林正在僵持对峙，两个人之间激烈的争执由于这位贵客的到来不得不中断。杜瓦尔像一个变色龙一样变了表情，希望基德先生能够和他单独谈论事情。马林站在一边，显得毫不起眼。基德目光锐利地扫过杜瓦尔，落在了马林身上。这位警署总长的难堪和紧张与这位英国人的冰冷性情格格不入。马林斜靠着窗户，双腿交叠，两手插在裤兜里，嘴边无聊地挂着一支香烟，平静地回应这个城市中最有权力的男人的目光。杜瓦尔见状，试图无声无息地离开。但他显然错了，基德先生反对任何人退场。谁能够回避甚至反对他的请求，或者说命令呢？杜瓦尔暂时没有用处了，马林开口表示他已经准备好进行一场对话了。他们走进了办公室旁边的一个小房间里，这两重门比其他地方都要安全得多。

警署总长现在仍然脸色苍白，但已经镇定多了。他坐在一张靠背椅上，马林在他对面落座。而这样的座次显然给基德先生带来了困扰：他无论坐在哪里，都不能同时看到两个人的表情。这个秘密警察的负责人面对这样的场景岂止是驾轻就熟！而且他还迅速明白过来，自己现在能够和这个狡猾的伪君子匹敌。他很快摆出了一副惊讶而又一无所知的表情，但从某个角度，则能看到他脸上隐藏着一个狡黠的笑容。总的来说，他看上去相当满意。如果基德先生知道自己陷入了一个什么样的棘手陷阱，他准得朝自个儿的脸上吐口唾沫才对。但是他现在朝着杜瓦尔大吼："先生，您还知道自己是什么身份吗？"对他来说，这个方式尚且十分陌生，他那被压抑的残暴性格迫使他寻找一个发泄的出口，他想要真正地、完全地释放自己的愤怒。这句话之后伴随的是深深的沉默，马林和杜瓦尔都没有开口。"总长先生，您是待在我身边的人当中最大的一个阴谋家！根本无须为自己再找借口！"基德先生从裤兜里掏出了一张报纸，几乎把它戳到了杜瓦尔的脸上，"这上面写的是什么，不用我再说了吧？您这个举动背后的目的，对于我，我们所有人，所有关心这件事情的人来说，都不可理喻。有一件事情我能够说出来：您现在在和政府，和这个城市，和所有人作对。我要在整个城市面前进行控诉！关于这群无政府主义的乌合之众在广州宾馆召开会议的事情，您得意扬扬地把这个消息透露给加里克逊，知不知道这么做的后果？不，您不知道。我就来告诉您：所有的东西都会四分五裂，一切都面临破产，还有布尔什维主义的支持，以及我们所有人的灭亡——包括您在内！”说罢，他一下子坐进扶手椅里，随着他猛地坐下，这把椅子几乎要坍塌下去一般。紧接着，他点燃了一支烟，深深地吸了一口。

而后是一阵折磨人的沉默。杜瓦尔试图让马林开口说话，而他的尝试显然失败了，他不得不决定自己开口。

“基德先生，”这位警署总长举止得体地开始进行反击了，“在我向您陈述理由之前——当然事实上我并不需要这么做。”基德先生微微往前倾身，杜瓦尔流畅地说：“首先，我必须要指责您的冒犯行为。我很珍惜与您的关系，同样我也清楚您的影响力。但是您仍然需要因为您的举动向我，包括这位先生道歉。”他指着马林，而后者轻轻地摇了摇头并摆了摆手，彬彬有礼地拒绝了。“我很荣幸，能够受到上海这整个城市的信任，”杜瓦尔的声音变大了，“并且我很乐意，在任何情况下，包括最困难的时候，都保证我的荣誉和权利。”马林带着消遣的心态倾听着他的这番高贵言论。而基德先生则是麻木而冷漠地一口一口抽着烟，在他的动作下，烟很快就要燃烧殆尽。“因此，我希望您，基德先生，忘记我是您府上的一名客人，而把我看作上海的警署总长。对于在我职权范围内的任何协商谈判，希望您能听任我的意思行事。面对任何干涉行为，我会毫不留情地拒绝，包括来自您的。就是这样，基德先生。”他站了起来，作为一个对话终止的信号。马林低下头去，从下面抬起眼睛往上看，仿佛是在倾听。“我的烟也抽完了。”基德先生讥讽地说着，把烟蒂掐灭在烟灰缸里，冲他吐出了一口浓浓的烟雾。杜瓦尔完全被这股烟雾包裹住，但他无视这个冒犯的行为，朝门口走去。

“先生，再等一分钟。”这个肥胖的英国人叫住了他。

杜瓦尔回应道：“我无话可说。”

基德猛地站了起来，威胁地挥舞着拳头，一个大步走到了门口，挡住了杜瓦尔的去路。这是暴力——局面一下子变得可怕起来，然而杜瓦尔忘记了去按警铃。

“你认为，这些报纸上的废话让我不安或者恼怒——绝不是。哦，你应该看的是，约翰·基德如何反击这场对我的交易所的袭击。你明天就会感受到行情了，会让你头晕目眩的。”他对着墙壁用力地大笑一声，随即咳嗽起来，“但是如果人们要欺骗我，可是会让我大发脾气！而你，就做到了这件事。你的行为让你不会被你的政府纠缠，但是我，我给了你钱，你接受了我的票子，就有义务为我服务。你应当镇压每一个萌芽中的革命，对于你的功绩你也应该保持沉默。因此那些钱，是你应该得的。但是，就像今天你所做的一样——你做了完全相反的事情。而这，就是诈骗，是没有惩罚的诈骗，对此，我必须为自己辩护！”

杜瓦尔面如死灰地靠着墙壁，膝盖哆嗦着仿佛马上就要中风一样。突然有人拍了拍基德先生的肩膀，让他的目光从杜瓦尔身上移开。基德先生转过身去，在他后面站着的正是马林。“请坐下。”马林邀请他坐回去，基德顺应了他的请求，现在他的攻击性明显下降了许多，而对马林的兴趣则越来越浓厚。

“基德先生，您误会了一件事。”马林加重了语气，带着确信无疑的口吻说道，“您冤枉了一位无辜的人。这位受人尊敬的先生，这位理应从您这儿得到报酬却被您打击得丧失斗志的先生，与您刚刚所说的一切，都没有关系。”基德先生面无表情地看着他，“我的名字叫马塞尔·马林，是上海秘密警察的最高负责人，我手下一共有五百名密探，他们让我能够掌握这个国家的革命运动最细微的发展。自从二月十四日以来，我就开始了这场战斗。如果消息从斗争地带泄露到了公众当中，这也是我的事情，先生——”

马林观察着这一席话对基德的效果，然后他瞥了旁边的总长一眼。“这位先生——我指的是我们的警署总长，杜瓦尔先生，被您的言辞羞辱得难以开口说话，那么在这件令人尴尬的事情上，我就站在他的立场上来解释几句。”杜瓦尔想要反驳，而马林朝他使了一个眼色，让他不再开口。马林继续说道：“正如我所见，先生，您被误导了。现在让我来告诉您实情究竟是怎样的。杜瓦尔先生从您这儿得到了报酬，来发表普通的言论，或者压根没有。他的行为正如您要求的，商定好的那样。”他加了几句，削弱了让人出丑的意味。“他没有对加里克逊先生泄露任何事情，我完全可以担保这一点。因为我调查的结果都交给了杜瓦尔先生。在这种情况下大家应该知道，什么才是当务之急。”他走向基德，“那么先生，我想我对您没有任何道德上的义务吧？”

过了几秒，基德先生站了起来。马林恢复了之前的姿势，重新靠在了窗户边。他那棱角分明的脸上绽放着夺目的光芒。杜瓦尔的脸也逐渐恢复了血色。基德迈着抱歉的脚步走向杜瓦尔，他对杜瓦尔的道歉显示出他对于自己失策的毫不在意。他仍然带着满满的嘲讽，并用这种语气来掩饰悲惨。最后，他邀请杜瓦尔晚上去他家，而让马林现在就和他一起离开。他迈着铿锵的步伐离开了办公室，前去拜访加里克逊，而马林则散漫地跟了出去。

22

“这个警署总长无疑是个蠢货。”当他们坐进轿车的时候，基德对马林说道。马林装作噪音太大没听到的样子，没有回答这句话。因为基德说这话的时候并不需要别人回应，因此他不如保持沉默。

“我们现在究竟去哪里？”

“我的办公室。”这个大块头声音干涩地回答。

他们来到了一栋摩登大厦前，基德先生的办公室就在这里。两人走进了这个精致的建筑物。打字机嗒嗒地响着。忙碌的男男女女们从他们身边飞快地掠过，在楼上楼下穿梭，扩音器发出柔和的声音，电话，电报，嗡鸣，叮铃，咔嗒……人们仿佛穿着一双橡胶鞋子在奔走。

在一个宽阔通风的空间里面——四面墙仿佛是用冰块砌成的，清新而刺骨。两人停在了这里。基德按了一个按钮，一个穿着长裙的漂亮的爪哇族女人出现在了门边。基德用马林听不懂的语言和她聊了几句，那个女人像一个影子一般，无声而迅速地消失了。紧接着，一盏红色的小灯亮了起来，是电话。基德显然对这个回应相当满意。一扇小门随后打开，有人给他们取来两副吃冷餐牛排的餐具，交给两人自己动手。“我们先吃饭。”他镇定地邀请这位法国人。在基德先生把他当作自己的伙伴之前，马林必须装出熟悉这个对他来说本还陌生的圈子的仪态。

“杜瓦尔必须得滚。”基德直白地说道，他嘴里塞满了东西，像一只强壮的动物一样。马林挑起眉毛，额头上露出皱纹，但他并没有开口说话。

“他必须在所有人面前出个洋相。”基德的眼睛盯着面前的法国人，“当然在此之前我们得干掉加里克逊。”马林惊愕地抬起头，“而您，马林先生，得帮助我。”这个法国人动了动，表明他愿意效劳。基德拿着餐具挥舞着手强调了一遍自己的话：“加里克逊已经在这儿了。无论如何您必须保证，他造谣的那些东西，都在您的手上，这是有官方证据的。您得当着他的面告诉他，当面好好地羞辱他。”

如果不是顾忌自己的名声和事业的话，马林几乎要放声大笑起来。多么可笑的一句话！当面欺骗加里克逊？有什么好欺骗的？受骗的只是基德而已。马林让老发告诉了加里克逊在广州宾馆里发生的事情，让他把这件事情公开出来好好炒作一番——这才是他的开局。他的目的只有一个，就是把杜瓦尔拉下马来！现在有人要强迫他以假乱真！马林暗自好笑地看着粗鲁地切着牛排的基德。他感觉更加有趣了，他拒绝了基德，说

出了自己的担忧。基德有些愠怒，用各种方法试图说服他。马林却坚持不变，仿佛一只难以下手的刺猬。

“那么——你想当上海的警署总长吗？”这位绅士朝马林咆哮起来，“如果想，那就跟我合作，如果不想，我的朋友，那就从这里滚去地狱！”

马林的手指敲击着桌面，微微偏了偏头，看了基德一眼：“好。”他的声音微不可闻。

基德按了按旁边的按钮，那个爪哇女人又出现了。“请加里克逊先生进来。”几秒钟之后，加里克逊先生出现了。他是一个身材瘦小的人，穿着白色的亚麻裤子，像挂在衣架子上似的。他的脑袋仿佛是突然出现，立在身体上的一样，弯曲的鼻头挂在上嘴唇上，周围有一圈凌乱的胡髭。他的脸颊消瘦得能看到颅骨的形状。在布满皱纹又凌乱的脸上有两只小小的眼睛。他仍然戴着一顶遮阳帽，带着亲切的表情走到基德先生面前，握住了他的手。当基德先生想为他介绍马林的时候，他语气活泼地拒绝了，仿佛见到老朋友一般问候了马林。马林相当惊讶：“我想，我们这是头一次见面。”加里克逊先生发出一阵响亮的笑声，自然而然地坐到座位上，他的手里拿着一根细细的藤条在空气中转动，这个动作与他相当匹配。

马林对眼前的景象形成了一个认识：现在在这儿站着的，是两个旗鼓相当的对手。他倒想看看，到底谁更胜一筹。

这两人首先保持着过分夸张的友好表象，谈论着无关紧要的事情。加里克逊完全没有提及来拜访基德先生的事情，这看上去就像一次心血来潮的做客一般，谈话变得相当无聊，而这两个人此刻的神经却像铁索一般僵硬。

电话响了起来。基德说了声“抱歉”，拿起了话筒：“我买两千。”他说罢挂断了。加里克逊做了一个鬼脸，基德和他继续着无趣的对话。但是电话不断地重复响起来，基德的声音和报出来的数字也越来越大。在这个工夫里，马林悄悄观察着面前的报业皇帝，他的表情发生了明显的变化。最后，基德冲着电话大喊道：“买光！全部！”这会儿加里克逊的不耐烦仿佛马上就要爆发出来，他的脸上充满了愤怒和极度的失望，仿佛有什么东西掐住了他的脖子。马林看到他大口呼吸着空气，从喉咙里费力地发出声音：“您该不会是想把整个交易所买下来吧？先生，在这个关头？”

“为什么不买？阁下。”基德含混而响亮地回答了他。现在，两人中间的坚冰碎裂了，马林仿佛马上就要爆炸一般绷紧了神经。

“啊，您指的是报纸上的报道！”

“现在的行情是在走低。”

“越是便宜越是要买，加里克逊先生，我建议您也跟上。”

加里克逊紧紧盯着眼前这个证券帝王，像是要看穿他的无耻行径——他可没那么好骗。但他眼里的这只老虎现在在孤注一掷，赌上了毫无把握的未来，这让他感到相当难以置信。难道他被骗了吗？去他的！黄种人！永远都不知道——不，他绝不会这么轻率地相信这样一个轻轻松松送到他手里的消息。但是他现在输了吗？不，不可能，这一切都取决于他。何况在这个有如此多激进元素的国家，早已有无数关于一场危险的反动运动的传闻。所以他绝对没有做错，他的行为是经过深思熟虑的。加里克逊因此没有立即说话，而是紧紧贴坐在椅子上，摆

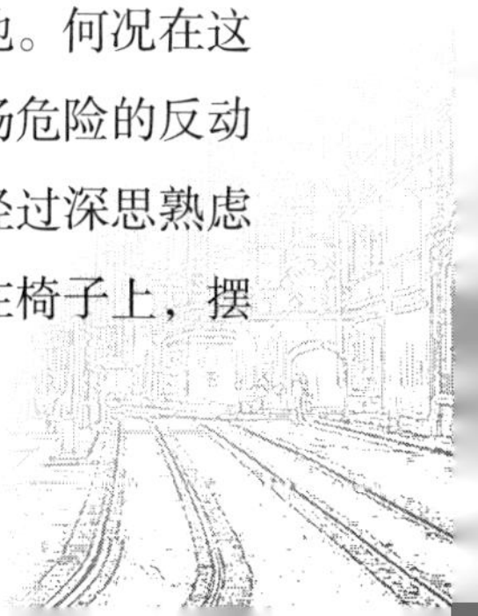

出了一个有些挑衅的姿势。

“好，很好，基德先生，”他谨慎地开口了，“但您明天还要买下去吗，还要把整个交易所都买下来吗？后天呢？接下来的一周呢？一个月呢？”

基德知道，自己现在应该保持沉默，他要开始进行防卫。

“基德先生，您让我给您打电话，”这位报业大亨转移了话题，“我能为您做什么？您倒是对我充满了兴趣。”

“我需要您提供一个小小的消息。”基德迅速地回答道。

“乐意为您效劳，先生，我听候您的差遣。”这位总编先生夸张地鞠了一躬。

“广州宾馆里面发生的事情还算不错，这可真是一个绝妙的好点子。我从来不喜欢无风起帆，”基德靠近了他，在一个适当的距离里凑近了他的脸，“令人尊敬的阁下，您告诉我，这种新鲜的题材能维持多久？”

“这取决于您，先生。”总编飞快地回应。

基德直起身子，抬起头来。

马林这会儿不再感到无聊了，但他仍然保持着谨慎的态度。

“哦，取决于我。”基德接受了这个充满把握的回答，“我认为这取决于您。”他忽然有了攻击性，“这完完全全取决于您，看您这个伎俩能维持多长时间——就是这样。”他满怀信任地拍了拍对方的肩膀，将椅子上想要跳起来的人轻轻地压下去，“我们来看看，谁能活得更久，到底是我的股票，还是您的报纸。您不必怀疑，明天一早的股市行情会怎样，因为我全部买下来了！懂了吗？！谁还会相信你那荒诞的谎言？我警告你，先担心集团的责骂，然后再考虑考虑那些读者的愤怒。”

加里克逊如遭雷击一般坐回了沙发，他不得不承认自己的失败。但他也不会毫无反抗地接受这一切，他可不这么认为！“谢谢警告，先生。您对我一直如此友好。”他咳了咳，“但同时请允许我同样给您一个警告。首先，我想告诉您，您误会了。”现在他可以说是在玩火，“您以为我今天的报道和发生的一切都是我编造出来的花招。我也在猜测您到底有什么动机——让我值得被勒索的动机！您对我的评价不错，基德先生，但您完全不了解我。我会找到证据证实广州宾馆的一切绝对不是虚构，不仅如此，在这个宾馆里确实举行了一个反对团伙的会议。并且，法国的秘密警察团伙里有一个叫老发的密探，他在那个宾馆当值，现在已经被枪杀，据说杀死他的人就是这个无政府组织的第一号人物。”

马林几乎有些眩晕，他完全没料到这件事情——老发死了！史密斯先生——Y——那个宝塔——那张黄种人的脸，所有的事情都像闪电一般掠过他的大脑。这个加里克逊先生和恶魔结成了盟友，还是说他本来就是这个盟约的一部分？

“您从哪里知道——”基德结结巴巴地反问，急切地等待他的回答。现在，马林的时机到了。

“一个无政府主义者找上了我，自己交代的。”加里克逊干脆地击败了面前的对手。

证券帝王说不出话来，仿佛他脚下的地板被抽空一般站立不稳。

“对我来说，从谁的嘴里得知这件事情并不重要。党派不是主要的，我站在媒体的中立立场。而政府则喜欢用权力和拙劣的外交来做交换。机关枪会满足您的要求。”冰雹一样的话语接二连三地击打着基德，“现在，我的警告来了。先生，放弃这场疯狂的股票战争吧，灾难就要来了。不只是街道上会布满鲜血，还包括不值钱的股票，而他的拥有者也会遭到毁灭，当啷一声撞到石头上。对于您，我表示很遗憾。”他站了起来，点了点头，想要离开这里。

克制，收买，迅速适应，一切都敲打着基德的太阳穴。对他来说，承认自己失败，不是一件轻松的事情。这或许是唯一能够避开这次崩盘的机会？但是，他的权力欲望远远超过了理智。他的商人本性超过了人性。他让加里克逊先生离开了这里，但同时也做好了迎接这场战争的准备。

他像一只愤怒的公牛一样来来回回，直到最后筋疲力尽地瘫倒在椅子上喘着气。他的身体变得无比沉重，皮肤绷得紧紧的，脑袋也支撑不起来。

这个权力者的可怜相让旁边的法国人心中充满了鄙夷。这座宫殿，这个黄金工厂，与这个被摧毁的懦弱的男人格格不入。多么可悲的一个谎言啊！而他这个小人物能好好地欣赏一番最为真实的人间写照，又是一件何等的壮举！反政府组织，Y，史密斯先生——一个巨大的混合体。杜瓦尔必须垮台，这个念头在他心里生了根。基德是否也同样这么认为？当然，他说过：“您必须代替杜瓦尔。”他让这个法国人坚信这一点。马林毫不犹豫地握住了基德冰冷的手，开口说道：“我待在这儿是多余的。先生，如果我站在杜瓦尔的位置上，那么加里克逊先生就能够握住我的手了。”

基德仿佛一只肉食动物一般打量着他。他的脑子里盘旋着干脆而果敢的念头，但他没有说出口。尽管如此，他的血管里已经流淌着一股全新的血液。他紧紧握住了马林的手——他的手源源不断地传递着热量，直到两个人的手都温暖起来。他用力握了握，紧接着用响亮的、充满活力的声音开口说道：“马林先生，杜瓦尔就要倒台了。”

23

几天之后，基德先生为庆祝中国的新年，在自己别墅的豪华花园里举办了一场慈善晚会。除每天都在不断揭秘的那场共产主义者谋反叛国的会议之外，这算得上是最新的热点话题了。加里克逊想要好好地利用广州宾馆事件，尽可能地扩大他的影响力；而基德和他的党羽则坚信加里克逊已经和那群乱党达成了盟约。尽管这个消息对于这群外国人来说并不乐观，但是股市行情仍然处于上升状态。基德每天都承担着超过极限的工作量，但这仍然没有完全打消人们的担忧情绪。因此，这场慈善晚会仿佛一颗炸弹一样出现了，这场活动正好向社会各界证实了各个国家民族之间的紧密关系。上海的市长这会儿已经像热锅上的蚂蚁一样坐立不安，接到这个消息之后毫不迟疑地答应了基德先生的邀请。相应地，这也被视为反对加里克逊先生的一个举措，从而形成了一个对他不利的氛围。对于加里克逊先生的报道，人们开始不那么重视了。而目前的状况，基德先生与其说是忧虑，不如说更多的是满意。尽管如此，他也拒绝一切误导性的乐观主义，他可不喜欢自欺欺人，他得让那位报业巨头感受一下自己的权力，因此这场晚会声势浩大、极尽奢侈。加里克逊的报纸对他口诛笔伐、大肆嘲讽，每一行文字都充满了刻薄的怀疑，但这些攻讦无济于事，这次晚会受到了所有人的热烈欢迎，也恰好符合了基德的预期。

基德先生的别墅外，在宝昌路上停靠的轿车绵延数公里之长，其余的车辆不得不从另外一侧的街道穿过去。宽敞的花园里面已经挤满了人。

除了颇具艺术性的各种活动，还有高档浮夸的声色享受。颜色、灯光、爵士乐混杂在一起交织成迷人的旋律，仿佛一个纸醉金迷的感官幻境。这个夜晚带着迟缓和笨重的步伐，当之无愧地成为一出世界级的戏剧。

马林在这场狂欢之中几乎无法从喧嚣之中抽身，他被人群挤得难以前行，好像处于大海的水位线上一样，艰难地穿过狂暴的波涛，努力地挽回自己的思绪。最后，他总算观察出了结果：这场放纵的狂欢与其说是纯粹对于美丽事物的欢愉，不如说是内心绝望的释放。因为在这罕见的童话般的国度的反照中，那些颓废堕落和阴暗的欲望同样“美丽”。人难道不就是攀附着另外一个人寻求救赎，又把第三个人一起拖下水的吗？当然了，那些女人越是漂亮，男人就越能被激起欲望，越贪婪和放肆。这里的颜色越缤纷，灯光就越闪亮，这活泼的旋律就越发迷人。从花园中吹拂过去的，不正是一缕瞬息而逝的微风吗？这一切不正像烈火把一切化为废墟之前，最后一抹生机勃勃的火焰吗？这难道不正是一场盛大献祭的最后狂欢吗？这种贪婪变成了一种不知底线的浪费和粗暴的享受。这儿的人很快就要迎来覆亡——白人将会和黄种人一起毁灭。

马林琢磨着这些念头，但好像这些念头不是从他脑子里出现，而是从另外一个陌生的头脑里涌出，再从他身上掠过一般。他不由自主地掉过头来，看到了正站在他身后的人。

“马林先生。”

“史密斯先生。”马林舌头有些打结——他突然想起了宝塔的幻象和杜瓦尔的话。Y的名字已经在他舌尖徘徊，但他却没能说出来。现在，现在，他心潮澎湃！他强烈地感受到自己和面前这个人有一场战斗。他和Y吗？对！他比从前任何时候都清晰地意识到了这个问题。他做的所有一切，都是为了和这个叫史密斯的男人战斗！反政府分子也好，别的什么也好，这场战斗是个人与个人的战斗。在这些天喧哗的成果背后，不过是两个你死我活的党派的借口。他们从彼此的目光里看透了这一切，但他们隐瞒了原因。两人朝对方微笑，紧接着便各自走开，从对方的视线里消失。马林从拥挤的人群里挤过去，总算找到了一条通往阳台的路。在流光溢彩的花园当中，那些赤裸的岩石单调地凸现出来。他沿着台阶走上了露台，来到基德面前——豪宅的主人对于今天的宴会显然十分满意。从露台上能看到整个花园的全貌。他又看到了史密斯，他就站在露台下面。马林急切地询问基德关于这个人的事情。

“混种结合的最佳产物——一个绅士！”基德心情大好地回答道。

基德很快被其他的人包围住，他们一起走向旁边的圆厅，马林没有时间再问下去了。

当他意识到这个叫史密斯的男人在靠近，马林的神经绷得越来越紧。突然，他想起了莉莉安，他慌不择路地跑下去，从

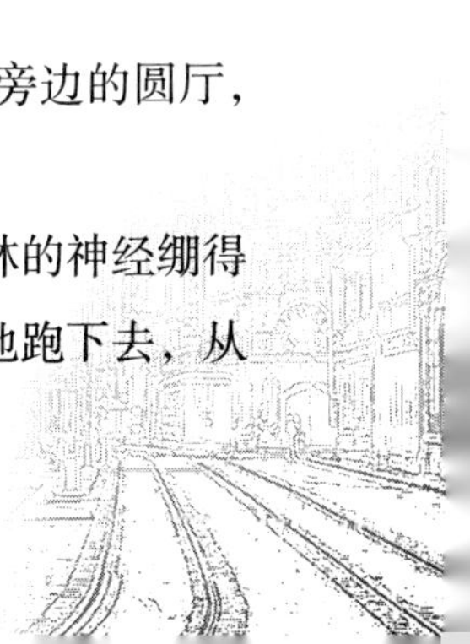

激动的人群中冲过了花园。

在基德先生和上海市市长深谈的时候，警署总长正在应付一场沉闷的探戈，玛贝尔夫人正在她的卧房。莉莉安站在一旁，现在她想回去了。她跑回自己的房间，回到自己小小的会客厅。她仿佛踏进了一个陷阱：Y站在她面前。

24

“尊贵的女士，你是否还记得在这个房子里曾见过我？”

“不。”莉莉安有些不确定地回答道。

“那么女士，我们一定在别的什么地方见过了。”Y的话语里带上了压力。

莉莉安困惑地站在那里，脸上因为充血而有些泛红。她的眼里闪烁着光芒，恰似一个没有生机的雕塑慢慢融化为柔软、精致而充满活力的线条。“是的。”她启唇回答道。

“很高兴您还记得我。”这个男人的声音听上去相当有把握，“我们在一个陌生的房间里见过一面。”眼前的女人颤抖起来，目光里涌现出恐惧。“一个意外，”Y轻柔地继续说道，“那真是一个意义重大的夜晚。”

“请您忘了那个晚上！”莉莉安头一次表现出了自己的激动，她不再羞愧困窘，不再颤抖也不再害怕。“您从来没见过我，从来没有，明白了吗？”她的声音仿佛被扼住喉咙一般。

Y的回答则是沉默。她仿佛被催眠一样，闭上了眼睛，那些罕见的画面从脑海中一一闪现。她看到自己赤裸地站在令人眩晕的戏台上，被上千人的目光刺穿，带着疼痛扎进了她的身体。她的对面就是一个金属制的巨大佛像，比她高出许多，冲她微微笑着——莉莉安睁开了眼睛。这个佛像！“告诉我，您究竟是谁——”她飞快地叫嚷道。但是她没有得到回答，而自己仿佛完全淹没在了这个男人的目光之中，他将她整个人都吞噬了。突然间，马林走到了他们中间。莉莉安失神地看着马林，而Y则离开了。“在哪里——”她不知所措地开口。

“亲爱的，你有客人，”马林嘲讽一般地说道，“史密斯先生。”他看着那个消失的人的足迹，嘴角露出了一个残酷冰冷的弧度，脸色变得阴沉起来，仿佛有一种强烈的激情席卷了他。“你属于我。”他从牙齿缝里挤出这么几个字。

一双有力的大手突然放在了他的肩上，如同给了他重重的一击。

基德先生！

马林粗鲁地盯着他。

基德的脸上露出一个巨大的狞笑，他的瞳孔放大，只剩下一小圈发红的眼白，他的目光呆滞而僵硬，嘴里发出安普霉素的味道。他走到莉莉安身边，粗暴又殷勤地吻了吻她的手，又死死握住了另一只手。他环绕过莉莉安的脖子，脚交叉站着。“我的朋友，上海的市长先生，和我一样是个十足的绅士。”

旁边的法国人压抑着想要一拳打在他脸上的冲动。

“杜瓦尔，这个蠢货应该下地狱了，我们不用再管他了。”他一边说着，一边抚摸着莉莉安的屁股。马林几乎要燃烧起来。

“马林先生，人们会知道谁才是最后的赢家。”他眨了眨眼睛，掰住莉莉安的下巴吻了她。莉莉安轻声叫了出来——仿佛窒息般的叫声。

跳起来，彻底毁灭这个畜生——这个念头在马林的脑子里不断翻滚着。杜瓦尔垮了，杜瓦尔垮了——这件事情又不断敲打着他的太阳穴。

“笑一笑吧，我的孩子。”基德用力地抱住了莉莉安，“你知道，我爱你的，没有人比我更爱你了——警察先生，你得去花园里了，人们等着你呢。”

一场可怕的战斗在马林的思绪里呼啸着。在这个野兽一般的男人的力量之下，他看到了那个快要崩溃的女人。他看着基德，他也看着自己，他脑子里再一次冒出了把这个人狠狠掐住的念头。他爱莉莉安吗？不！这种感觉只是虚荣心被羞辱吗？不！牢牢扼住整个城市的呼吸，掌握着千万人的性命，获得胜利，被这个残暴的社会众星捧月地追捧！是这样！对的！他想要的就是这样！马林回过神来，看着在这一片喜气洋洋之中的自己，不知道自己是怎么到这儿的。

音乐！音乐！震耳欲聋的锣鼓声，还有喝醉的人群。这对整个帝国来说是一种何等的讽刺！基德完美地安排了这场晚会。马林吸了一口香烟，现在他们面前只有一场破坏性的风暴。他和自己的内心达成了妥协。他抬头看着小客厅的窗户——基德和莉莉安就在里面。他感到相当满意。

这场慈善晚会因为中国的新年而畅通无阻地进行下去，一直持续到早上。

扬子江上，在牢笼一般的船里昏昏欲睡的苦力用力划着船。在纺织厂里，童工带着流脓的双眼上工。码头工人冒出一阵一阵的冷汗。

加里克逊的编辑部里，上百台打字机咔嗒咔嗒地作响。

25

在基德和加里克逊之间，这场汹涌的战斗却一直悬而未决，但是在金融市场上没有产生压倒性的变化。两人顽固而持续性地对峙着，舆论一会儿偏向这一方，一会儿又倒向了另外一方。就这样，双方间产生了一种平衡，这场争斗迟迟没有完结。

基德先生和政府目前处境良好。市长正在挖空心思找到一个时机强迫杜瓦尔下台。马林的密探们则不断揭出革命党的罪证，他本人也暗地里熟悉了警署的新运作。杜瓦尔现在只不过是一枚橡皮图章罢了，他唯一可以依靠的就是加里克逊先生——对方高度评价了这个法国人的忠诚。尤其是那些嗅觉灵敏的人从中看出了他们与革命党的勾结——他们要把这个无能的男人放在一个对公共安全而言必不可少的军队领导位置。渐渐地，整个上海的欧洲租界里都出现了一个流言：加里克逊先生和那些反政府分子在一起勾结谋划。事情变得越来越捉摸不透，整个城市中已经交织出一张谎言的大网。

Y在浙江路上一家高级饭店用晚餐的时候，侍者给他拿来了一张卡片，上面是一个他不认识的俄语名字。尽管看上去没什么特别的，但他仍然察觉到了一丝不安。他比任何人都清楚，自己是在一座怎样的火山上跳舞，马林的密探会越来越急切和放肆地调查自己。因此，为了不引起重视，他过着一个游手好闲的花花公子的生活，借以逃避他人的任何怀疑。他犹豫

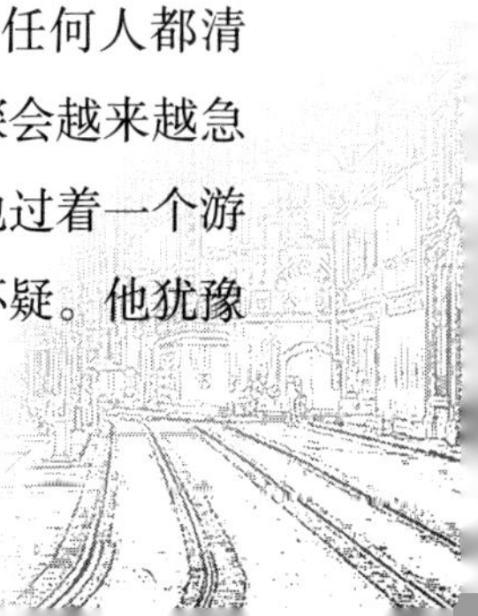

着自己要不要满足这个陌生人要见自己一面的愿望，最终他拒绝了。但是，不安的情绪并没有从心里消失，他仍然感到相当不适，这种焦虑感折磨着他。几乎是逃跑一般，他迅速离开了这家餐厅。正想找一辆汽车的时候，一双手紧紧抓住了他的胳膊，一句俄语在耳侧响起：“跟我来！”Y转过身去打量这个陌生人，问对方究竟想干什么。他越来越激动，最后变得粗鲁起来。

“有人在等您。”

“在哪里？”Y冲他大吼。

“在苏联领事馆。”

Y思索了一下，变得平静起来。马娜，担保协议——这一切突然涌入脑海，他立刻动身与这个陌生人一起去了苏联的领事馆。

短暂的问候过后，领事沃林斯基请Y坐下。

没等领事多说一个字，Y开口说道：“您用这种罕见的方式——”

领事用一个礼貌的手势阻止了他的话，并向他道歉：“您会明白的，同志，除这种方式之外，我没有别的更安全的手段把您带到这儿来了。我们苏联政府已经在莫斯科签署了担保协议。”

Y假装泰然自若地点了点头，但是他脸上的血色已经迅速地褪去。

这位领事毫无波动地继续说了下去，他一再保证，对于政府的决定他一字未改，并且在任何情况下都代表着他的人民的利益，并为他们谋福祉。

在沃林斯基沉默的时候，Y向他提出要看一看签署担保协议的书面证明。

领事有些迟疑，这封由信使送过来的机密文件仅仅由他一人保管，Y的这个要求不在他的职权范围内。但他补充道：“斯瓦斯科同志已经带着担保协议启程返回上海，几天后她就会抵达符拉迪沃斯托克。”

Y僵硬地点了点头，仿佛有什么东西用力扼住了他——是这个房间，这栋建筑，这整个氛围吗？还是潜藏在他内心的事情？无论如何，他无法忍受继续待在这里，因此想要尽可能地缩短对话。

26

接下来的几天时间严格按照计划运作了起来。基德赞助，马林策划，市长先生批准之后，警察闯入苏联领事馆的行动失败了。参与这次行动的警察必须按照国际法的程序接受惩处，而实际上对此并不负责任的警署总长杜瓦尔先生则赔上了自己那可怜的名誉，一下子陷入了相当困窘的境地。各国政府对他进行质问，文书来来往往，杜瓦尔在警署的宝座很快变得岌岌可危。自从加里克逊先生和革命党的勾结成为公开的秘密之后，他对于警署总长也有一衣带水的庇护责任，尽管如此，看透这一切的加里克逊却没有轻易表态。即便加里克逊畏惧着这件事的发生，马林的接替也不再是什么秘密。

而上海市市长则接到了英国政府的指令，由于这次冲突与苏联政府造成的矛盾必须加以调停和解。

基德和马林又策划了一个针对杜瓦尔的新计谋，他们勾结在一起，变得恶毒而邪恶。

马林懂得如何去打通所有的门路。他在一天早上去了监狱，亲自从里面挑选了两名中国罪犯，其中一个还犯了重罪。他没有多兜圈子，告诉这两个人，如果他们按他提的要求照办，那么他就许诺放了他们。这两个混混已经半只脚踏进了棺材，对于他的要求自然全盘接收。马林预料得半点儿不错，这两个人他已经搞定了。同一天晚上，马林再次开车去了监狱，拿着他自己签署的释放许可，毫无阻碍地释放出这两个无赖，把他们带到监狱附近的一家酒馆。

这两个中国人得到了新的衣服，一点儿烈酒，两盎司的鸦片烟，还有一支上了子弹的左轮手枪。在马林悄无声息离开的时候，他安插在这里的一个密探随即走了进来，接手了这两个人。

这两个混混还不知道等待着自己的将是什么。而这名密探，实际上就是在广州宾馆肆无忌惮地进行窥听的吴彻礼——他是马林手下的一名得力密探。吴彻礼带着他们走到了街上，而这两个人的任务就是用手里的枪，暗杀吴彻礼指给他们的一个英国海军军官。这两个绝境中的人无声地领受了这个要求，他们内心并不排斥去暗杀自己的敌人。

没过多久，黑暗中出现了一个身穿白衣制服的男人。吴彻礼耳语道："就是现在！"这个难以辨认的"白色制服"刚刚一靠近，这两个混混就从藏身的地方跳出来，对着他连续开了好几枪，他们这才看清这是一张年轻的、即将死去的脸。这个人浑身开始抽搐起来，不久之后就倒在了地上。随即，这三个人很快朝着黄浦区和法国码头逃走。在人们发现死者之前，凶手早就已经逃得无影无踪。

这个英国海军军官的谋杀案件很快变成一个重磅新闻。各国租界的人都将其视为中国反政府组织的一次行动，而欧洲各国政府则将其视作对自己权威的巨大挑战。

上海市市长被迫撤销了杜瓦尔的职务，其理由就是警察没有足够的保卫外国公民的力量。

这个下台的警署总长作为一个失败者很快退出了舞台，他的继任者马林则通过种种手段登上了总长宝座。在一次内部会议上，马林承诺，他一定会找出中国的反政府分子和苏联勾结签订的那份担保协议，这是他目前最为关切的任务。为了消除人们的怀疑，他公布了一纸文书：在两天内，一个苏联女间谍将会从满洲里过境。

有人对此表示质疑不屑：“匿名，这肯定是个陷阱。”

“对于这封信，我能够证明它的真实性。”马林回答。在他的脑海里再次出现了南京路上的那家咖啡店，那是他第一次和史密斯——Y 见面的地方，而当时出现的那个女人的样子也渐渐浮现在了脑海中。马林把这封信上对于这个女间谍的相貌描述和她进行了对比，他确信：她们是同一个人。

杜瓦尔早已丧失斗志，徜徉在棕榈树和橡树林间漫步沉思，听天由命。上海警署午夜后仍然灯火通明，一道道指令不间断地发出，静悄悄地传播出去，电话铃声不停地响起，走廊上的探子仿佛猫一样无声地穿行。马林绷紧神经工作着。租界的街上仍然纸醉金迷，人们拥挤，嘲弄，放肆大笑，踉跄摇晃——这是一片灯光、色彩和各国语言交织而成的声色世界。就在这个时候，一列来自符拉迪沃斯托克的火车抵达了满洲里口岸，一个女人从上面走了下来。马娜在欧古林派来的两个保镖的陪同下，正想要离开火车站，一个陌生男人朝她走了过来，与这两个保镖交流了几句之后，马娜随他离开。不到两分钟，他们来到了一个小小的废弃房屋中。这个男人带她来的这个房间在底楼，是他在这儿的居所。这里面的设施只有一张铁床、一张摇摇欲坠的桌子和一个破破烂烂的沙发。

这个男人看上去和精致整洁没有半分联系，也不像一个受过教育的人。他请马娜坐下，而自己站着。他干脆地把自己握拳的手插进裤兜里面:“同志，事情搞砸了。我，瓦西里·瓦西里维奇·巴金，是你们莫斯科用低价在这儿雇的人。我得告诉你，上海的警察听到了风声，边境上挤满了他们的人。如果你这位女同志能够带着这些文件闯过去，我把头砍下来给你。省点儿力气吧，这事儿吹了。”

马娜仿佛发烧一般激动起来，她的手指痉挛成拳头，跳了起来，粗暴地一拳打在桌子上，丧失理智地怒吼起来:“那就砍了你的头吧！我一定要入境！”

时间在毫无意义的废话中流逝，巴金突然做出一个严肃、深思的表情，朝马娜的两个保镖使了个眼色，示意他们和他一起走到门口，马娜从他们身边跳了过去跑到外面。

“见鬼去吧！”她一把推开巴金冲出去，“那些跟女人无关的废话，跟男人们说去。”两个欧古林的手下跟了出去，而那个满洲里口岸的中间人，则站在门边，不怀好意地咧嘴一笑，慢悠悠地跟了上去。

马娜发疯似的在屋子里打转，大约半个小时之后男人们也跟了进来。马娜探究地看着他们的表情，而这两个人的脸上仍然只有一如既往的迟钝和冷漠。她不敢开口打听，随着时间一分钟一分钟地流逝，她感觉自己变得越来越精疲力竭和麻木。而那两个男人在屋子里一边抽烟一边喝烈酒，交换着下流的笑话，或者断断续续地唱起革命的小调。夜幕降临的时候，所有人都安静了下来。巴金凝视着前方，许久之后终于开了口："同志们，我要说点儿事情。人在喝醉的时候总是会想到一些绝妙的点子，我猜我已经找到了一条出路。"他满意地打了个嗝。马娜的随从无声地抬起了头，仿佛听到了什么关键的字眼，一言不发地走了出去。

马娜匆忙地站起来，她想要跟着他们出去。巴金用力把她拽回到沙发上。"让他们走，这些懦弱的兔子。"他安慰道，"他们不能帮你，你现在完全得依靠你自己。如果你还有点儿理智的话，那么你就不会后悔——不后悔你今天认识了瓦西里·瓦西里维奇·巴金同志这个人。"他坐到她身边，用掌心敲了敲她的大腿。马娜粗暴地推开了他，但对方一把抓住，紧紧地握住了她的手。

"同志，你现在不惜一切代价都要进入中国边境，对吗？"

马娜瞪圆了眼看着他。

"如果你不怕吃枪子儿的话，我们可以试试。"

她激动地跳了起来。

巴金再次用力把她拽回了座位上。

"我有一辆车，我们可以开过去。你必须完完全全信任我。"

"今晚就可以，同志！"马娜纠缠着要求道。

“今晚，你得和我睡觉。”巴金冷漠坚决地回答道。

“混账！”马娜怒吼一声。

“那你就自己滚出去。”巴金走到门口，用力打开了门。

马娜早就想要逃离这里，但这会儿她像生了根似的走不动路。她看着这个男人发红而肿胀的脸，久久地，久久地——然后她关上门，留在了原地。

二十四小时之后，一辆车来到了中国的边境，车灯晦暗，时速一百二十公里。两分钟之后，他们藏了起来。要想经过这条路，必须经过封锁，除此之外没有别的可以通行的路。

“就是现在！”巴金叫了一声。马娜一下子把头缩进了肩膀里面。

边境卫兵守在封锁线上。这群黄种人的卡其色制服在夜色中显得相当明显。他们的车遇到的第一个阻碍就是一束巨大的探照灯。“停下！”对方大叫。巴金开着车冲进了灯光里。士兵立刻举枪进行攻击。一波扫射——第二波——第三波，完完全全陷入了枪林弹雨之中。

马娜听到子弹从头顶呼啸而过、打在车身上面的声音。枪声终于停了下来，取而代之的是咆哮着的马达声。这场猛烈的捕猎追逐一直持续了好几个小时。巴金和汽车发动机都经历了难以想象的故事！汽车穿过群山，一路莽莽撞撞，颠簸得令人作呕。他们终于听不到追踪者的声音了，又过了两个小时，他们忍受着无比的忧虑和身体仿佛被撕碎一般的躁动。他们几乎什么都没有吃，只是让转得发烫的发动机冷却了一阵。接下来，时间一点点过去，整整一夜，一个白天——一直到了天津。巴金在这里和马娜分了手，马娜登上了一辆开往汉口的火车。按计划，她要从汉口搭船前往镇江，在那里坐火车进入上海。巴金抛弃了汽车，悄悄爬上了一辆调度回满洲里的火车。告别的时间并不长，两个人把这笔账都算得一清二楚。

马娜疲惫不堪地偷偷爬上了这节车厢，找了一张木凳坐下。车厢里全是俄罗斯人和中国人。那些俄罗斯人神情冷漠，要么靠在墙上和门上，要么蜷缩在一边。而中国人对待马娜的态度则要友好得多。他们递给她绿茶，给她送来湿毛巾让她保持清醒，期待地看着她，指望她说些什么。但是，面前这个女人的嘴唇紧闭，保持着冰霜一般的沉默。她有些痉挛地死死抓住手里的小皮包，忧心忡忡地看着远方。这样的目光让车厢里的黄种人感到相当不自在，猜疑和不安在人群中蔓延开来，而这一切又掩藏在他们无害的面具之下。

马娜无法入眠，尽管车厢里面的人并没有引起她的担忧，更何况她还有足够的力气来保证自己的安全。但是她脑海中有一种责任感——一种巨大的、强迫式的责任感让她无法冷静下来。

中国人对她的不信任积累得越来越浓厚。那些头发稀疏的脑袋挤在一起窃窃私语，商量着告发方案。马娜听得懂中国话，不动声色地听在耳里。她身上的每一根神经都绷得紧紧的，她知道这群人有什么打算：他们要在下一个停靠站点把她交给宪兵。

人们对革命的狂热已经蔓延到这些偏远的地区来了。敏锐的观察能力，中国人天生的不信任，在这样一个特殊时期里汲取到了充分的营养，肆意地生长起来，猜测和怀疑在每一个地方生根发芽。女人的手指越发用力地拽着手里的小皮包。她起

身，离开了自己的座位。中国人不知所措地僵在原地。要到达下一站还有很长的距离。在靠站之前，马娜从这列慢悠悠行进的火车上跳了下去。她疲惫地站起来，在晒脱皮的烈日下一直依靠双腿，往最近的一个小城走去，在那里等待下一班列车，她等了足足一天。

她浑身的力气被慢慢消耗干净，整个人濒临崩溃的边缘，她整天只能蜷缩在一个脏兮兮、油腻腻的车厢里，带着疲惫沉沉睡去。她的小皮包从来没有离开过她的手，而手指已经变得僵硬蜷曲。日日夜夜，夜夜日日，继续，继续等待——

直到现在！

到现在为止，杜瓦尔的继任者还没有正式任命。作为权宜之计，他的职位暂时由一个无足轻重的人代替。马林目前名义上还只是刑警科的负责人，但他实际上已经控制着整个上海警署。对于目前的这个情况，他已经越来越不耐烦了，但真正让他大动肝火的，则是抓捕那个通缉女人失败的消息。他手下的密探都是一群卑鄙下流的蠢驴，他不得不对这群人破口大骂。现在人们会嘲弄羞辱他，说他是一个造谣生事的人，一个危言耸听的人，一个愚不可及的骗子！他的前途几乎会被毁掉！现在摆在面前的只有一个法子：派出士兵提前占领火车站和港口，布下天罗地网也要把那个高傲的野兽给抓回来！他立刻召集了自己的手下，将这个重大无比的任务派发了出去。

“呀——哦！呀——哦！”

“出发——”

“香港！”

“北京！”

“威士忌！”

“座位！”

“座——位——”

要从火车站里过去，人们得需要一副强健的胳膊肘才行。在这儿，一个空位千金难求，空位就是一切！如果一个没有力气又不够粗暴的人，在这儿准会吃足苦头！苦力从上午开始就在这里拉黄包车，而他们的主顾就像天神一样高坐在里面。他们弯曲的脖颈几乎无法拉直。

“新闻日报！”

“纽约报——”

“马丁！”“费加罗！”“中国日报！”“新闻时报！”好像整个世界都涌到这个火车站来集会似的，地球上所有的种族都在这个宽阔的大厅里挤来挤去。英国人，法国人，美国人，日本人，黑人，马来西亚人，帕西人，韩国人，波斯人，土耳其人，锡兰人，爪哇岛人，安南人，印度教、婆罗门、锡克教的信徒，还有在这个国家土生土长的人全部都在这里，行色匆匆，互相打着手势，咒骂、交易和行骗。火车隆隆地开进车站，又吐出一大拨人。突然之间，刺耳的哨声划破了这一片人声鼎沸的混乱。

每一节火车车厢里面都塞满了人，车盖仿佛都要被掀开，整个景象好像洪水喷发。无可否认，恐慌的气氛无疑已经在这座城市蔓延开来。（人们认为，基德先生在与他的对手加里克逊先生的争斗当中，很可能已经败下阵来——所有人都知道发

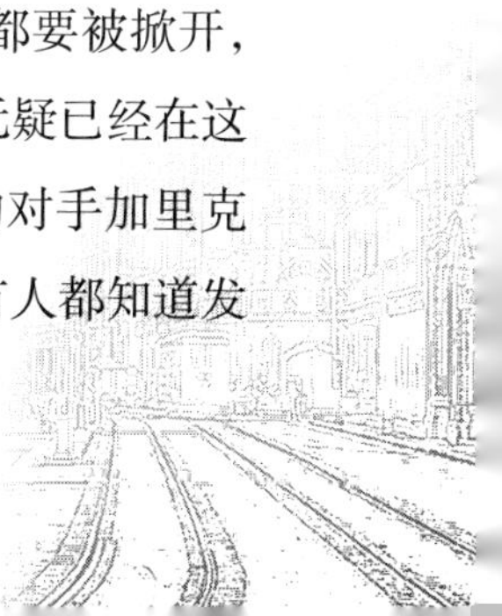

生在交易所的第一场地震。)

雷鸣般的橐橐声响起，一列英国军队踏进了火车站大厅。“上帝保佑国王！”嘹亮的声音在四壁回荡。见此情景，所有中国人都缩了起来，想让自己不那么明显；而英国人则爆发出狂热的激动之情。一个打扮得像猴子一样的黑人一拳把一个中国人打翻在地，周围爆发出一阵畅快的笑声。一个美国老头赏了他十美元，这黑人立刻跳起了踢踏舞。此时，两个美国人在路边成功碰了面，热情地拥抱问候对方；一个中国苦力工人趁他们不注意，拎起其中一个人的行李飞快地跑了，而此时这个美国人仍然沉浸在与老朋友重逢的喜悦中。

“老天！是你！”

“好久不见！”

“我才从汉口过来。”

“生意？”

“不景气！”

“环境？”

“差劲儿！”

“放轻松，朋友。我们有军队在这儿。他妈的，这群狡诈的黄种人，就跟水耗子一样，他们估计早就有准备。我们先去找个酒吧。”美国人拉着对方往前走，这个时候，那个汉口过来的人才发现自己的行李箱不见了。他恶狠狠地咒骂了一句脏话，只得暴躁地接受了这个事实。在这儿必须每时每刻都竖起耳朵、睁大眼睛，这是首要原则。

“香港大罢工！政府下野！”报纸上全是这样的谣言。加里克逊就像一个发狂的蛮汉一样在策划这一切。

这时候，两个中国人朝着出口走去。

就在他们准备登上门口的黄包车的时候，这两个人被马林的密探逮捕了。整个火车站安插满了警署的眼线。每个人都被这些密探监视着，走下火车的乘客的一言一行都没能逃出他们的眼睛。每个密探的脑子里都深深印着一个人像——马娜。

“天津的外国人被迫害！政府拒绝谈判！”散布谣言的人一脸醉态，在大厅里四处嚷嚷着。

这个新闻仿佛一滴油投进了火星子里面。顷刻间，任何一个披着白皮肤的人都开始发泄着自己对黄种人的不满。氛围越来越僵硬。一个喝醉了的英国水兵仗着自己个子高大，大声叫嚷。

“英国人！欧洲人！”他突然对于这个称谓充满了激情，“我们应该打碎这群恶犬黄种人的脑袋！把他们丢出门外，用他们的身体来铺路，这群渣滓必须上绞刑架！我们有英国国王！我们的民族至高无上！欧洲将会永生！”

水兵们齐声嘶吼起来。每一个知情的人都清楚，他们现在需要一场大屠杀。把这些洞穴里面的耗子赶尽杀绝，这就是他们的目的！中国人还蜷缩在一块儿，无数的中国工人仍然还唱着他们那拖长的调子：“呀——哦——”大厅里面的混乱局面达到高潮，令人不安的气氛正在酝酿之中。

突然，一阵刺耳的尖叫刺破了空气，人们从四面八方涌出去，女人和孩子惊恐地大叫着。在短短几分钟内，整个广场变得空空荡荡。即便是马林派来的密探也被人流挤散，被拖到了外面的大街上，只有这一列士兵还待在原地控制局势。大厅里忽然出现了一声颤抖的喘息，一个血淋淋的苦力工人往出口爬

去，很快他便一动不动了。他的两只手徒劳地朝着地面挖去，垂死之间，最后发出了一声长长的“呀——哦——”

一切回归寂静，巨大的、可怕的寂静。

士兵们列队，面无表情地唱着国歌走到了街上。

一个女人朝着这个已经死去的、血肉模糊的尸体低下了头。她双手通红，脸上露出的坚决却熊熊燃烧着。

突然，她被一双有力的手臂钳制住了。她被逮捕了，被马林的密探逮捕了。他们将她拖到轿车上，疾驰而去。但是，轿车并没有开往警署，而是开到了中国城，开到了汉口路上——开到了Y的家门口，车停在那栋房子面前。“英镑”和“美元”两位先生——“马林的密探”，陪着她走了进去。

27

Y和马娜相对站着，沉默无言。连续数周身体和精神上的紧绷让马娜已经完全透支。她的脸颊凹陷了下去，皮肤松弛而透明，嘴唇苍白而干裂，肥大的衣服在身上飘飘荡荡。Y的心中升起了巨大的同情和怜悯。这个女人将他心底最深处的柔软刨了出来。

马娜那张受尽折磨的脸上，挣扎着露出了一个温和而幸福的微笑。面对着这样的笑容，Y想怒吼咆哮，想承认所有的背叛，想把自己埋进土地里面。

马娜简短仓促地描述了自己来到上海的惊险经历，描述了她是如何被这两个男人抓住，又是如何被带到这里来的。

“英镑”和“美元”向马娜和Y解释了这一切。他们在Y

不知情的情况下打入了警局内部，并且在那儿成功混成了密探。他们一早从内部获知马娜来到上海的消息，并且决定依靠自己的力量把这个女人从警署的控制中解救出来。

Y一脸惊愕，带着不悦的神情，不动声色地看着这两个人，他倒是从来没指望这两个家伙能有多忠诚。在赌局当中，这可算得上是欺诈！但是他现在没别的办法，只能对这两个人的付出称赞一番，带着敬意向这两个家伙表示感谢，并给了他们一张价值不菲的支票。

“银两”和“日元”两位先生站在这栋房子前面，他们悄无声息地、仿佛逃跑一般地退出了这个犯罪团伙。不久后，这四个人舒舒服服地躺在一间茶室里面。

Y激动万分地拿着这份担保协议。“明天我们必须作出决定。”他若有所思地说道，声音缓慢而坚定。

马娜几乎站不起来，她已经好几周没有好好休息了。

“你看上去很累。”——事实上Y想这么对她说。他想握住她的手，最终他只是低下了头，目光扫过她的手提包。皮包上还能看出擦边而过的子弹痕迹。就在Y抬起头的时候，马娜暗沉的脸变得明亮起来。他知道！他知道她是爱他的，她为他牺牲，为他受尽折磨，为他战斗着！“有人朝你开枪？”他不确定地开口。

马娜倦怠地笑了笑：“有一双平静的手恰好击中了我的心脏。”她的声音充满了淡然和平静。

Y痛苦地站了起来，这次他不得不开口说出了心里话：“你因为你自己，因为我而把自己毁灭了！”

“你何必关心一个女人的命运。”她沉着地说道，“为什么

你要琢磨一个政治宣传品是如何结束的？你站在新生之中，对于我的毁灭又有什么好挂念的？”

眼前的女人无私的牺牲精神仿佛一阵冰冷的风震撼着这个男人的灵魂。他从这个女人的身上获得了多么大的勇气、多么大的力量！当他认识到这种奉献的使命感的时候，他又抗拒着这个共同体的存在！

此时，马林听说了马娜被逮捕的消息，他拼命克制住自己兴奋狂呼的冲动。满脸苍白，浑身颤抖，痉挛的手还牢牢抓着话筒，他一下子坐进了椅子里面，定定地注视着前方。他的思绪则朝着前方一路狂奔，现在，在他的前途上再也没有什么阻碍了，他获得了无可估量的胜利！

时间一分钟一分钟地流逝，他像一头饥饿无比的野兽在等待着自己的猎物一般，时间对他而言变得难以忍受的漫长。他一口一口喝着茶和加冰的烈酒。之前一刻不停响起的电话这会儿哑然无声。许久之后，门被敲响，几个密探走进来才打破了这里的沉默。马林告知他们，自己正在等人把那个犯人送到面前来。听到这句话，探子的脸上都露出了惊愕的表情。马林见此情状，心中的焦虑越发难以控制，他焦躁不安地在房间里面来回踱步，怒吼咒骂着自己的手下，没有人能够平息他此刻的不安。

又过了两个钟头，他手下的四名密探和那个俄罗斯女人仍然没有半点儿消息。马林的烦躁终于达到了顶峰，他开始狂呼、咆哮，咒骂他所看到的每一个人。

又过了好几个钟头，空气沉闷得令人窒息，弥漫着随时可能爆炸的危险。一个可怕的怀疑在心里生了根，但没有人敢说出口。马林浑身散发着狂怒和惊惧的情绪。紧接着，夜晚来临了，一切希望都化为了灰烬。不必多说，所有人都明白了：要么是那群反政府分子听说了俄罗斯女人的消息，袭击了他们的密探并且把人带走了；要么，这四个人就是双重间谍。

马林仍然还没有放弃最后的希望，他一直待到了黎明，最后终于全盘崩溃，被这个无可置疑的事实击溃了。

28

在欧洲宾馆的屋顶上，迷醉的爵士乐里融合了东方和西方的元素。这里的夜晚相当闷热，带着危险的抑郁。在娱乐厅里，打着扑克、玩着桥牌和麻将的人们高声谈笑着。

基德先生坐在大厅里面，仿佛国王登基一般。在这个全能的男人两边，坐着陶先生和雍先生，他们手上紧紧握着小巧的笔记本，并且时不时地在上面画上格子。这两个中国合伙商做作的亲切神情让人不由得起了疑心。

“陶先生，雍先生——”他一会儿看看这个，一会儿看看那个。

“基德先生，您说？”噢，这个人的声音可以多么谄媚！“我们记下来。”

基德口述：“石油一百二十，棉花——”他们赶紧记录下来。两个人一直不断地记录，而基德一直不断地下令。

欧洲宾馆的门房认识这个从他身边飞奔过去的男人，这是

基德先生的秘书。夹道的传信男孩们看到他，不由自主地往后退了两步。秘书问主人现在在哪儿，紧接着飞扑进电梯，朝楼顶的方向奔去，他跌跌撞撞地穿过跳舞的人群，又跑下楼，穿过奢华的大厅，终于见到了基德。此时，他几乎喘不上气。基德的目光注视着全场，看到这一幕并没有惊慌。他朝身边的两个中国合伙人表示了歉意，陶先生和雍先生则投来意味深长的目光。紧接着，这两个人礼貌地离开。

在基德充满威胁意味的目光之下，这个秘书几乎动也不敢动一下。基德仿佛一座即将喷发的火山一般，让秘书惊惧起来。随后，基德挥舞起拳头——仿佛一个拳击手一般，一拳狠狠地打在了对方的脸上，面前这个老实人一下子被打飞到了角落里。

“你在中国人面前过分暴露自己的情绪了。”基德为自己的行为作出了解释。

秘书的脸上露出一个可怜的微笑来，他痛苦地想要站起来，道：“先生，您的答案总是这么清晰有道理。”

这个男人奴性的顺从无疑是为了生存所作的斗争。

基德的回答则是：“说话！在这个国家，唯一可以说的语言，唯一能够让人明白的语言！继续！”

被打了一下的秘书几乎站不起来，基德的不耐烦变为不安，变为灾难：“明天自己坐船滚回老家去，带上我的问候，向国王表达我的忠诚。”

秘书赶紧向他报告了香港上海银行合作会议的内容——这个会议冒着极大的困难总算成功举办了，证券交易的大崩盘显然已经无法阻止。

基德先生听罢，浑身的血液燃烧沸腾起来。“买进！乔尼！全部，买进！明天整个中国都会揣进我的腰包！”

秘书对他充满了崇拜之情，刚才迎面那一拳早被他忘在脑后。这个低贱的人现在敢表示出一丁点儿不满了：“但是明天我还得出发吗？我被解雇了吗？”

高高在上的帝王用力拍着他的肩膀，咆哮道：“全部，买进！”

在楼梯上，基德遇到了马林。“什么时候会进攻上海？”他把对方一把拉过来，声音急促，“这儿到处都在搞破坏，只剩下爆炸。我唯一可以相信的人就是您，马林先生。您拿到您所说的那个文件了吗？”

马林死死咬着牙齿，现在他对基德只剩下满腔厌恶，他彻头彻尾受够了这个人。他现在该怎么办？承认自己的现状，承认这桩羞耻？还是欺骗他？——这显然更危险。他真的已经一败涂地了吗？他必须放弃一切吗？他往后的日子还长着，时间会把这次失败都掩盖过去的。担保协议至少现在还在上海，甚至他清楚在谁的手上。这些人他可不陌生，Y。他难道不能想办法把担保协议从对方手里抢过来吗？用武力，用阴谋，用——

“不错，我现在已经掌握了那份担保协议，先生。事实上，我完成这件事情，还不到一周的时间。”

基德拥抱了他，用力握了握他的手。他怎么会怀疑马林的可信度呢！

29

在露台上，跳舞的人群越来越密集。马林将莉莉安纤细柔软的身体紧紧钳制在自己的臂弯里，他的目光审视般地从这个女人的身体上扫过去。突然之间，他作出了决定。他请求莉莉安跟他一起回家，而莉莉安则完全沉醉在这样的氛围之中，没有任何清醒的意识。马林的轿车就停在酒店门口，他命令司机开回自己的住宅。

莉莉安压根不知道自己是怎么来到这里的——这个她曾经无比熟悉的、马林的家。在轿车里，她无精打采、麻木冷漠地坐在这个男人身边。现在，她身体里面的“自我”已经全然被排挤出去，只剩一个空壳了。她的目光仿佛透过一层柔软精致的面纱打量着这个世界，外界的声音似乎也透过一扇蒙着台布的墙才能传到耳里。她听到有人在歌唱，浑身的关节都充斥着懒散的疲乏。

马林吻了吻她，而莉莉安无动于衷，只是挂着微笑——一个痉挛般的微笑。她突然变得安静下来，目光打量着这个男人，这个与她再次拉开了距离的男人。他究竟想从自己这儿得到什么——这个念头突然出现在她脑海里。她的本能告诉她，马林一定想要从她这儿拿到某个确切的东西。

“你想要的，你需要的，也许我能给你，让你不必因为一种神秘的疾病而崩溃。”马林用一种陌生的声音朝她说道。这是她的声音——她不知道，究竟是谁说的这句话。

“你需要看清自己生活的轮廓，否则你会死于这样一个一无是处的‘自我’。”一无是处？这话是什么意思？自我，通过自我？阻止这场让自己飘来荡去的潮水——与激流相对抗。“你想要……”她双目燃烧着，向他发问。

马林温柔地将她推开。他仍然还在等待，还在测试。接着，他平静地吐出了一个字母：“Y。”

谁是Y？莉莉安对这个“Y”一无所知。这是一个人，还是一个暗号？但她脑海中突然浮现出了一个人，对方的脸按照她的猜测慢慢变得清晰起来。这张脸，应该是一个叫史密斯的男人的脸。她的目光牢牢对准马林，问道：“史密斯先生？”马林斟酌着回答道：“我想，恐怕是的。”他的回答里隐藏着不确定。

不久之前出现的两幕突然回到了莉莉安脑海中。兴许这不算是回忆，而是重新复苏的现实。就是在这个房间里，她第一次面对面见到了这个后来有过寥寥数面的男人。而第二次，是在那个重要的夜晚，在她继父的别墅花园中，举行那次盛大的晚会的时候。

对于那个陌生男人的话，她当时并未理解，尽管如此，她仍然朝他大吼，毫不留情地大吼：“忘掉那个晚上！”并且对他说：“你从来没见过我，从来没有！”为什么她要这么说？为什么？她当时究竟有什么目的？

莉莉安从自己的思绪里回过神来，一阵晕眩袭来，她不得不伸手去寻找支撑。她感到自己浑身乏力而疲惫，急迫地灌下几杯浓威士忌，但是她满脑子仍然充斥着难以平息的仓促和慌乱。

马林平静冷漠地把一切向莉莉安和盘托出——暴动、密探、政治、权力以及秘密文书。莉莉安带着有些朦胧的思绪听着这一切。马林的话语越来越急促，越来越匆忙。她听到了Y的名字，她并不能理解马林说的每一句话，但她清楚，他的每一句话都事关重大——他究竟有什么目的？

“一切都取决于你，完完全全取决于你一个人——”

什么取决于她？她在这场大混乱之中能有什么决定性的作用？她已经无力反抗，她连自己的命运都无法主宰。而现在，又有什么能取决于她？

“这些文件，都在那个男人的贴身范围内，包括那些计划，我们必须掌握——或者说：我，必须掌握。”马林的声音已经失去了冷静，那些词语肆无忌惮地从他的牙缝里蹦出来，他的鼻孔微微隆起，不停地翕动，“你必须这么做，我请求你，这件事对我来说意味着一切。你是唯一一个能够做到这件事的人。”

莉莉安知道，从那天晚上这个男人把她抛弃，让她落入基德的手里开始，他就失去了对自己的掌控权。马林一再询问着她，他这副模样对她而言可真是相当陌生！她阻挡了这一轮进攻，一种狂野的欣喜在她心里绽放，而同时巨大的厌憎感又爆发出来，在她心里逐渐形成了一个决定。她站起来，在屋子里来来回回地走动，而马林的目光一刻不停地追随着她。他的表情变了，已经完全变了，仿佛在他体内换了另外一个人似的。

莉莉安想到他唆使自己的那个任务，她越发坚定了自己的决心。她要毁掉史密斯，要让这件事情完全被毁灭，要让怯懦的自己站起来，这种满足带来的诱惑在她的血脉中狂奔。

马林继续说：“你得拿到那几张纸，如果没有更好的选择，你必须从他身边偷走这份文件。”

莉莉安转过身，两人的目光在空中交汇，她僵硬地朝他伸出手去：“您完全可以相信我。”

马林有些悚然地看着她，收回了自己的目光。她脸上的厌恶一览无余。他知道，这种厌恶之情是朝着自己而来的，而这种厌恶，正是他未来的动力。

各个国家的社交名流一如既往地聚集在了欧洲宾馆里面。尽管他们今天的工作和往常一样，但这个夜晚——这个一切开始的夜晚，仍然与众不同。

基德站在圆桌前，深深鞠了一躬：“诸位，你们在谈论的，都是些魑魅魍魉。”

西格先生惊讶地问道：“基德先生，您指的是什么‘魑魅魍魉’？”

基德的脸涨红了，扯开了嗓门，他的声音一直传到更远的地方：“一场政治围剿，正如大家所知道的那样，证券下跌的投机。”

“谁在投机，基德先生？”这位长者钻牛角尖似的问道。

“中国的金融寡头。”基德仔细地观察着他这句话带来的反应。

“那些为你的船打开港口的人？”

西格先生那张布满皱纹的老脸上露出了一个狡诈的微笑。

基德回应道：“您的那些油桶怎样了？”

“它们好着呢。另外，您或许也知道，基德先生，您的船，实际上并没有出港。”

对于这句话，这个高高在上的帝王毫无防备。他变得不安起来——他的生命中第一次变得不安，甚至失去了那种击溃一切的平静。“交易所的开价相当高——”他颤抖着说。

现在，掌握局面的人变成了西格先生。“您那位消息灵通的香港人大概没有通知到位，或者也可能骗了您。您的中国股东正在推行一种罕见的策略，完完全全是一种‘苦力政策’。”这个老头伸长了脖子，“您知道电话从一个钟头之前就响个不停，是为什么吗？”

基德用尽了他向来引以为傲的力量克制住自己，他带着无比的沉着走到了西格先生面前：“大伙儿还在欧洲宾馆，讨论那些妖魔鬼怪——我可没有被您吓倒，西格先生。”

他并没有得到这位老者的敬佩。“我们即将面临封锁，我们处在一场民族之战的边缘。如果我告诉您这个事实，您还能保持冷静吗？”

“您想说的，是证券战争。”基德回应。

就在此时，大厅里的电话刺耳地响了起来，所有人跟着基德的秘书跑了过去。

西格和基德周围的人不知不觉地退开了，这两个男人仿佛站在决斗场上一般。基德最隐秘的谋划被他看穿并暴露出来，事实总算赤裸裸地摆在了那里。西格先生这个人，面对这位“全能的帝王”，并没有屈服。

西格先生的声音带着和蔼友好的亲切之情，足以让人松懈防备。他叙述着自己的生活：“我深知这个国家，比起证券交易所的豪华宫殿，这儿的火山更多。我在这个酒店的露台上已经坐了五十年啦。”他笑得疲惫而厌倦，又道：“而您，基德先生，咱们可不陌生。对我而言，人就像一本不断再版的书，我享受这个阅读的过程。但书的内容，只有我。”

基德目光阴沉地看着前方，说道：“我当然不会误解。您认为这个国家现在出现的运动具有一种神秘的动力——现在我甚至也相信了这种力量。”

这位老者的背微微弯曲，他看上去就像一只准备捕猎的老虎。“动力？不！一个人，一个内在运动的产物，就是这场运动本身。”

基德一杯一杯喝着威士忌，他喝了大量的烈酒，一口一口地猛抽着烟。“生活就是一片荒漠，而风暴会击中我们。”

基德的秘书踉跄着跑向电话。这场混乱让人觉得，这件事情仿佛关系着他的生命！在露台上，爵士乐队像喝醉了一样狂呼，在这个时代，人们都在用自己的生命舞蹈。

在这一排豪华宽阔的台阶上，铺着东方产的昂贵地毯。秘书一个踉跄，幸好被基德先生接住了。

秘书解释了封锁的事情，而船只，并没有出港。

他抬头看着基德先生：“我现在应该采取处置措施吗？”

“这件事情先不急。你现在暂时要确认我的两名股东——陶先生和雍先生的态度，他们现在还在酒店里面。”

电话再次响了起来，秘书跑回了大厅伸手拿起话筒。

“警察总署！”

每天要接到上千个这样的电话。

秘书眼前一暗，他突然感到无比的舒适，从未有过的舒适。他的一生就像万花筒里面的图片一样从他眼前闪过去。他沉沉地吸了口气——生活总是如此美好！紧接着，他迎来了漫长的黑夜。话筒还在他的手中，他死了。他用最后的力量拉断了电话线，而整个人倒在了地板上。

一个微不足道的小人物的死亡没有在酒店里引起太大的轰动。基德听到消息之后，心里闪过一丝短暂的同情，但他现在没那么多时间了。马林出现了。他来得正是时候！基德把他拉到一个隐蔽的角落，他们在这儿对话才有可能不被人偷听。

陶先生和雍先生在会客厅里接到了一个传信员的通知，两人带着不悦从谈笑热闹的社交圈子里抽出身来，他们在大厅遇到了接待他们的几位先生。在对方急迫的请求下，两人登上了轿车。他们全程相当低调，避免引起任何人的注意。紧接着，汽车朝着上海警察总署飞驰而去。

30

当基德面无表情地把他拉到一边的时候，马林心中猛地一惊。但是，这个上位者的嘴巴紧紧闭着，两片嘴唇也倔强地抿着。他的手交叠放到了背后，垂下目光看着地面——马林表现得相当谨慎，等待对方开口。

基德点燃了一支烟，沉默总算被打破了。马林没有预料错。基德微微扬起手，邀请他坐下，用相当平静的声音单刀直入地问：“您认识Y吗？”

马林应该怎么回答？他本来应该回答“对，我认识”——

他没有这么做，否则他必须要花费口舌解释一番才行。

基德对于这个简单的否认并不满意。“那么您听说过关于Y的事情吗？”他的声音在好奇和怀疑之间徘徊。对于基德来说，马林对此表现出的一无所知让他相当惊讶。兴许关于Y的整件事情就是一个谣言，通过神神秘秘的捏造炒作，让人变得激动起来。基德突然想起了加里克逊先生，哦，这个传媒巨头，人为炒作话题！但是封锁的事情又怎么说？

基德猛地跳起来，几乎是威胁性地冲着马林爆发了：“我没有几天可以浪费了，甚至几个小时也没有！这种——这种昏聩的混乱状态的开始，会让我走向毁灭！证券所会与我共存亡，您不能再犹豫了，要直捣这群匪徒的老窝！”

而实际上，马林手上什么都没有掌握。他不能把每一个中国的无产阶级都抓起来，挨个拷问他们。最近常常能看到那些反动分子，人们揣测他们是煽动这场布尔什维主义阴谋的幕后推手！在一份出尽洋相的资料里面，却连一点儿蛛丝马迹都没有找到。但是，人们所担忧的事情，绝对不是空穴来风。

马林看着这个大富豪此刻写满担忧恐惧和残暴的脸，突然升起了一股幸灾乐祸的同情感。当这个男人担心起自己的财富的时候，他变得多么可悲而渺小！而他，马林，未来板上钉钉的上海警署总长，只要他愿意，现在不妨享受一点儿乐趣！

31

对于马林而言，这个夜晚还远远没有结束。还有一件事情——一件有些稀奇可笑的事情还在等着他。

他现在想要离开这个私密而舒适的空间，想掀开他面前这道丝绸帘子，去对面的大厅。他刚刚拔腿走过去，就撞到了一个人，看到了一张似曾相识的黄种人的脸。这个人和他撞上，马林整个人后退了好几步，但这个人看上去竟然有些面熟，而他比面前这个法国人表现得镇定得多。在这方面，他们是极不擅长应付中国人的，这些中国人总是带着友好礼貌的微笑，仿佛对方从出生开始就是他们的至交好友一般。对了，中国人，马林思考着，我认识这张猴子脸吧？他们往往会把这些长得差不多的中国人弄混淆，他们认定中国人都长得差不多。但是，马林和这群黄种人生活了这么长的时间，已经具备了辨认他们面相的本事。这个和他迎头撞上的中国人，对他来说并不陌生。马林有些迷惑地看着他，而对方也看着自己。他牢牢握住了对方的手："你就是那个骗子——那个曾经在我这儿当警察的骗子，"马林咬牙切齿地说："你在我面前上演了一出逮捕俄罗斯女人的好把戏。你，这个布尔什维克！"他现在想要好好地折磨这个人一番，再把他枪毙！而"美元"先生则露出了一个神秘的微笑，并让这个法国人保持冷静。

马林只想不惜一切代价逮住这个混账——他和他的帮凶带着那些秘密文件给他演了一出好戏，否则他现在早就变成上海的警署总长了！

马林嘴里吐出一连串的咒骂，一拳把这个"大内密探"击倒在地，问他在这儿到底想干什么。而这个中国人迅速用蹩脚的法语回答道："我保护Y先生。"

马林的脑子飞速转了起来：他监视Y？这个狡诈的畜生做出任何背叛的举动都是有可能的，他这么想到。突然之间，一个念头从他脑子里闪过：与干掉眼前这个流氓相比，现在更重要的是弄清楚Y究竟是谁，从另外一个侧面证实Y的身份。如果眼前这个人没有撒谎的话，Y一定还待在这儿。马林向“美元”担保，如果他向自己指出Y在哪儿，那么他就放他自由。

但是Y的这个帮凶显然相当狡猾，为了获得法国人的信任，他没有马上答应这出交易。直到马林给了他几个拳头之后，他才同意带马林去找Y。他们在大厅的人群里寻找许久之后，“美元”才给他指出了一个男人——那个人坐在扶手椅上，把自己的脑袋深深埋在一张报纸里。马林朝他走过去，强烈的兴奋让他没有注意到“美元”的悄悄消失。但是，当他走过去，自己期待中的史密斯的脸却变成了另外一个密探的脸的时候，他惊愕不已！

“英镑”先生目光锐利地看着眼前的马林，竖起手指放在嘴唇上。这个充满秘密意味的动作让这个感觉自己被愚弄了的法国人想起了什么，但他冲自己眨了眨那双眯缝眼之后，马林则变得有些僵硬。

“英镑”用满是语法错误的拙劣法语低声说道：“我知道，你在找Y先生，而不是我，就这样！”他手指一转，指向另外一个身影——对方跟马林隔着一段距离，背对着他坐在椅子上。紧接着，他站了起来，迈着闲适的步子往大厅外走去。

马林迫切地想要找到谜底，此时几乎已经惊呆了。

但是，这个捣蛋的中国人干了一件让他更加震惊的事情——马林在他的提示下冲过去找到的第三个人，是“银两”先生。

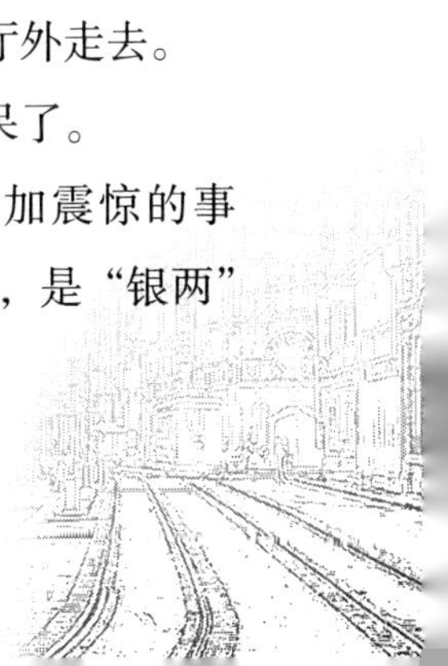

面对这个惊喜，这个被愚弄的对象可不认为是什么笑话！而“银两”先生耗尽了一个中国人所有的安慰艺术来让他平静下来，走到了他的身边。

“您做得有道理，”他轻轻地咳了咳，“我和其他人一样，也这么做了，但我不会继续跟他们配合下去了。一切都是个迷局。我，一个有教养的中国人，我不是布尔什维克。不需要钱，我不需要钱，我什么都不要。”接着，他仿佛像只猫一样转了过去，指着大厅里面的一个人。马林跟着他转过头去。

莉莉安！

在她旁边站着一个人，正在和她说话，而“银两”所指的就是这个人。

史密斯！

就是Y！他果然没错。莉莉安，Y——他的计划开始运行了。在巨大的喜悦和惊喜带来的冲击感中，他没顾得上身边的“银两”，只来得及听到他低唱一般的声音传进自己的耳朵：“汉口路，最后的房子，Y。”

当他环顾四周的时候，才发现这个黄种人已经不见了。

在街上，他遇见了一群人，他们聚在一起围观着躺在马路上的一个人。而马林认出了这个人，他就是背叛过马林的人——他的血液在血管里奔腾着。

有人说，是一个中国人把他刺死的。马林思考着：这就是之前戏耍了我一把的四个人！我刚刚已经遇到了三个，那么这件事就是第四个人干的。他突然对于这样的组织打了个冷战，紧接着迅速离开了这个血液四溅的地方。

而这个暴毙的人，有一张黄种人的脸，因此对于谋杀者的行迹，没有人继续追查下去。一辆车开过来，把死者带离了现场。

32

莉莉安和Y这次不再互相回避了。他们仿佛脚下生了根似的站在原地，两个人被锚定在命运的绳索中，被推挤着来到了生命的转折点上。莉莉安察觉到自己的生活中出现了陌生的东西，但一切都是晦暗的。她眼前好像尽是黑沉沉的夜，而那些陌生和未知就朝她潜行而来，两个人的突然碰面不可避免，迫使他们两个人走到这里的，是不容变更的强大力量。那些注定要发生的事情，现在终于发生了。

“女士，今天晚上允许我陪伴您吗？”Y声音温和地询问。

莉莉安的内心在震动着，但她只是僵硬地点了点头。她不想待在这儿了——在她开口说出自己的愿望之前，Y已经把大衣披在了她的背上，邀请她和自己走一程。

他们来到一个狭窄精致的小隔间。隔间被沙沙作响的丝绸包裹着，四周都是轻柔甜蜜的音乐。两个人坐了下来。茫然又有些晕眩的莉莉安从一个半睡半醒的状态中逐渐清醒了过来。Y则神情严肃、满面沉思。两个人沉默了一阵，开口的时候，说的却是些无关紧要的事情——对于两个人来说这种谈话方式都有些陌生。莉莉安再次变得混沌起来，慢慢忘记了一切，甚至连自己也被抛之脑后。这个男人的声音远远地、轻柔含混地传到她的耳里：“……我还记得我们上一次见面的场景。上次我们的对话被打断了，今天不妨做一个了结。”

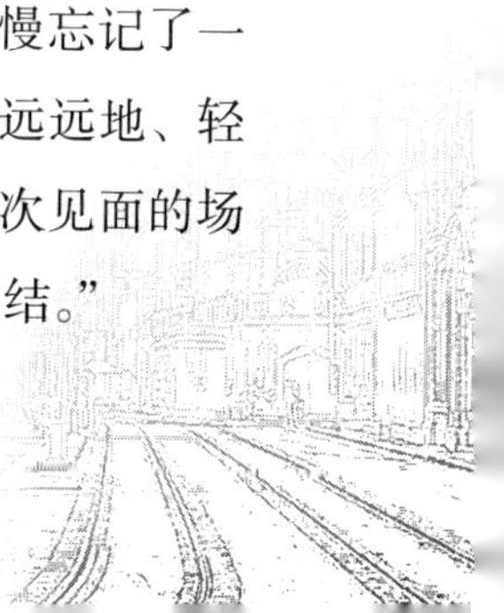

"您想做什么了结？"

他知道，对方的这个反问只是一种不安、回避和自我保护的表现。他的目光深深注视着她，如果他——Y，没有用这样克制的激情、压抑的张力说出这番话，那么今天甚至以后，他们都不会再见面，他还差她一个解释。他内心的冲动迫使着他开了口："您或许并不知道我，但是我早已认识您。我们在一个屋檐下一起吃饭、饮酒和大笑。您甚至没有对我投以哪怕一瞥。对您来说，我是不存在的。我和您家里的宾客一样，生活在这里。我们第一次真正的见面是在马林先生的家里，我知道，您当时和他在一起。"

莉莉安的心脏仿佛停止跳动一般。

"您看，我就在您的生活当中。但是，您第一次看到我的那天，我才真正进入了您的生活。您还记得当您那天突然来到他家里的时候，您那位恋人的失望表情吧？布下这场迷局的人就是我。我用马林的声音给您打电话，邀请您去他家里。我还雇用了另外一位女士给马林打电话，表示那天晚上会去拜访他，让马林以为有一场殷勤的艳遇等着他。"

"为什么会做这么复杂的事情？如果要在那里引起注意的话，有更简单的方式！为什么您和我总是要卷入这些复杂的谜团里面呢？"

Y垂下了目光。

"我登门首先是为了拜访马林先生。"

"是马林先生，而不是——我？"

Y抬起头来，莉莉安被他的目光所震慑——他的目光里全然都是悲伤。当他死死盯住她的时候，目光里充满了痛苦。

他是否感受到、猜测到、想到，自己到底想从她那儿获得什么？

“小姐，这就是我要跟您说的。”Y紧紧地看着她的眼睛。

“您为什么要跟我说这个？”

“对于这个问题，我不会做出什么回答。小姐，您一定要记住：您绝不是独自一人。”

接下来，他沉默着站起身，莉莉安也站了起来——不由自主地。他要离开了。

Y转过头，目光深深地停留在她的脸上：“小姐，今天我们分手了，那么就永远不会再见了。从今天起，我就会离开您的生活。我，是来道别的。”

莉莉安想要回答他，但却不知道说什么，她此刻也无法回答一个字，他的这番道别来得太突然了。

Y把她带到宝昌路。在简单的道别之后，他正要消失在这片惨淡发白的晨光里时，莉莉安的心绪开始崩溃了——确实有些事情已经发生了，那些她还来不及去捕捉的事情。她被这个人驯服，又被他迅速地抛弃。击败她，击败一个白种人，似乎就是他这番举动唯一的目标。她被迫陷入了一种折磨人的痛苦境地之中，但这只是暂时的，愤怒和厌恶很快侵袭了她。她现在发狂地想要把这个人——这个让自己屈服的人再次击溃。“那些文件，计划——所有的一切，那些你赖以生存的东西，我都要把它们夺走，背叛你，毁灭你！”她愤怒地在心中咆哮。

33

这个夜晚剩下的时间以及随之而来的清晨，马林都在警察总署度过。他把自己关在办公室里，仅仅通过电话和其他人交流。

欧洲宾馆里发生的事还没有从他脑子里散去。很好，非常好——想到这几个Y培养的密探，他忍不住微笑起来。他们被愚弄了。马林不能因此责怪他们，因为实际上被捉弄的人是他们，而不是他自己。他们不情不愿地帮了他一个大忙，甚至有一个人为此付出了生命的代价。而这，就是最值钱的地方。汉口路——马林回过神来，看着面前这张白纸有些惊讶——他在这张纸上写了起码五十遍这个地名，还用古怪的花边圈了起来。他思索着，在汉口路一定发生了什么不寻常的事情。

最后的房子。Y。

最后的房了，无疑是指某个地点。但是，Y这个字母到底有什么意思？ Y和这个地方又有什么联系？马林想到了两个可能：其一，这个地方就是Y的藏身之处；其二，这个地方就是革命党人的核心据点。

马林成功地让加里克逊先生相信，俄罗斯人已经开始运作起来了。加里克逊的地位得到了万全的保障，如今，这位报业大亨的态度十分友善。

“我能为您做什么？”

“只需要做与您目前截然相反的事情。在这种争议的环境下，不仅公开要求由我就任上海警署总长，而且尽可能地强调这一点。”

加里克逊陷入沉思，紧接着用力吐出嘴里的口香糖，朝着马林靠近了些。

“我看出来了，基德就是一个失势的稻草人，而上海市市长是个不折不扣的流氓。他们跟我说的，没一句新鲜的。而您也被这些资本家收买了。现在这些脑满肠肥的家伙跟您没办法好好相处。”他打量着马林，露出满意的神色，“当我第一次在基德的办公室里面看到您，就对您有了相当好的印象。作为一个美国人和犹太人，我对于法国人有一种病态的偏爱。您或许还记得，当基德先生要介绍您的时候，我拒绝了他的好意，而是像一个老朋友一样问候了您。”

“因此，您也反过来证明了一桩让您担忧已久的怀疑。”

“什么怀疑？”

“当您发表关于广州宾馆那件事情的报道时，您怀疑上一任警署总长杜瓦尔是这件事情的罪魁祸首。但您也许不知道，杜瓦尔也被金钱收买了，他也只敢做那个圈子的人命令他的事情。每一条引起不安的新闻都给了他压力。在他露面的时候，基德就像一只狮子一样朝这个可怜无辜的瘾君子扑了过去。由于我还没有和基德先生达成任何协定，所以在这件事情上进行自我谴责，对我来说也是一件乐事。”

“那么您戏弄了基德先生一番。”加里克逊打断了他的话。

“对，这也是我的目的。当时基德先生邀请了您，而我在您二位对话的时候也在场，在需要的时候，我就应该使出手段

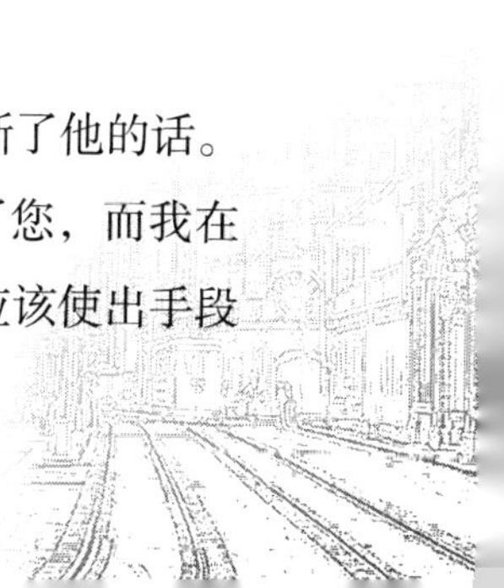

欺骗您，您与我之间对于重大的商定应当保持一致。”

加里克逊听罢哼哧哼哧地大笑起来：“有趣，太有趣了！现在我明白了！”他倒了两杯满满的威士忌，为这桩恶作剧和马林干了一杯。

现在，马林已经完全赢得了加里克逊先生的欢心。他的表现相当完美，马林对自己感到十分满意。

加里克逊先生变得越来越兴奋。时间飞快地过去，现在正是这位报业天皇决定与上海市市长进行一场激烈的战役的时候。

马林还打算说一下那份文件的事情——他假装自己已经掌握了那份担保协议，但加里克逊先生显然表现得过分友善，他热情的道别就是最好的证明。

加里克逊知道，自己这回干了一笔好生意。他想要拉拢马林已经很久了，他也坚信所谓的革命不可能成功。比大量的资本更加重要的是未来的独裁地位，此外还有公开那些秘密文件的机会！这样一来，他的董事会自然会对他崇拜有加。他的脑袋曾悬在一条细细的线上，现在已经藏了起来，稳稳地落回到脖子上。

来不及多做思考，他迅速投入了工作。他同时口述了两篇报道——在一篇里他所声称的，就在另外一篇里进行了反驳。当然，要求马林就任警署总长的言论是第一位的。他对于和上海市市长的这场危险交锋相当感兴趣，这场突围几乎将他整个人撕成了两半！

马林对于自己花言巧语的本事相当满意，他如果能够早些预料到，自己的拜访对于加里克逊而言会多么受欢迎，他会表现得更加谦卑的。当他离开这位大亨的办公室之后，他回到了警察总署，立刻给莉莉安打了电话。他们的对话也在他的掌控之下，当红灯亮起的时候，说明他此刻被监听了——现在他十分注意这些细节。

几句无关紧要的寒暄之后，马林向莉莉安说明了自己这通电话的来意。他说：“如果您还不知道这个消息的话，那么我告诉您：汉口路，最后的房子。”他为了把对话控制在最短时间内，其余的解释对他而言都是多余的，他在挂电话之前再次重复道：“汉口路，最后的房子。”他加了一句：“还有Y。”

在说出这个字母的时候，红灯亮了，马林迅速挂断了电话。有人尝试监听他的电话，兴许这只是中控室的一个疏忽？马林感到些许不安，他立刻开始调查这件事，最终却没有结果。但这件事只可能是中控室！还是说有另外一条电线，把他们的对话传递到了别的地方？

接下来的这一天，Y没有离开他的家。他一个人待在那里，他在等马娜，一直等到早上。他不知道现在应该做些什么。黎明破晓，令人松懈的疲惫感涌了上来。在半梦半醒之间，他听到了马娜的脚步声——他很清楚。

花园里的石子沙沙作响，Y屏住呼吸，竖起了耳朵。这是脚步声，无可置疑，但这不是马娜的脚步声。这里除了他和马娜，还有第三个人，另外一个陌生的闯入者。每一阵声响都让他更加紧张，他探究着这个不速之客的脚步声。外面还是黑沉沉的夜空，云层厚厚的堆积在一起，一场风暴正在酝酿着。Y

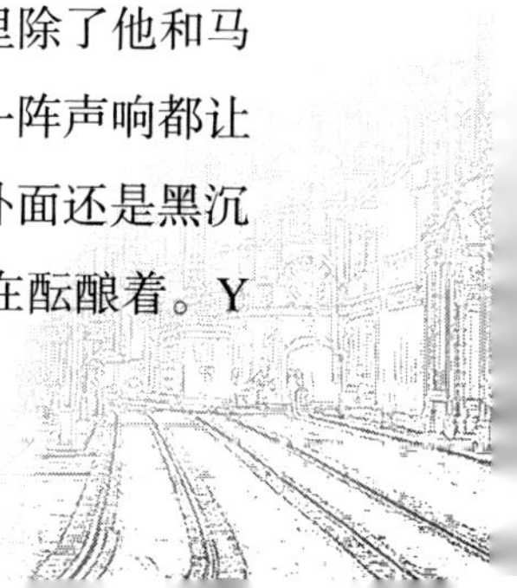

从脚步声的节奏里面推断出，这位陌生来客在犹豫，在蹑手蹑脚地接近。他把手伸进衣服口袋里，右手手指紧紧扣住了一把左轮手枪。他抬起目光，朝门外看去。

——莉莉安！

Y瞪大了眼睛，看着站在门口的人，他握住手枪的手指越发紧绷。他的思绪有些混乱，各种念头都混杂在了一起，他宁可相信这是幻觉！但是她在那里，确确实实，触手可及，仿佛命中注定。她怎么找到这里，从哪里听说了这个地方，她又为什么要来？这些问题在那脑子里呐喊着。

莉莉安没有再往前迈近一步。

好像这两个人对对方都怀着深深的恐惧。

Y的视线在她身上徘徊了一阵。她的鞋子和裙边污渍点点，夜里独自一人，在中国人的聚居区里穿过街道来到这儿，可不是一件容易的事。

“您到这儿来找我，竟然没有一丁点儿顾虑和害怕！这个地方的街道比起您家附近来，要狭窄和肮脏得多。不过，这儿的人比起这个城市其他地方的人，不见得多好，也不见得更坏一些——只不过他们的命更不值钱一点儿。希望您一路还顺利，您看上去脸色有些苍白和惊慌失措，但是这似乎正是您要寻找的东西。”

他用尽自己所有的力量来保护自己，保护自己的人——他的身体里有个声音这么叫嚣着。

“您的光临让我蓬荜生辉，但我并不打算过问您来这儿的缘由。”

莉莉安羞红了脸，她显然感觉到自己的举动有失身份。

不，她不能，她不可以，不——她太弱小了，太无力，太冲动了。简直疯了！她在做什么！“看来我来得不是时候。”她结结巴巴地回答道，想要转身逃离这里——她到底在干些什么？！

Y感受到了面前这个女人内心的虚弱和仓皇，他身为男人的力量感被激发了出来。“小姐，您怎么会打扰我！您能光临寒舍让我十分欣喜，这对于我这样一个小人物来说，是多么大的荣幸和福祉！您是否愿意在这个小小的房子里凑合一下，做我的客人呢？女士，您不仅拥有无上的美貌和魅力，您也是一个有勇气的人。”他目光深邃又克制地盯着她。

仿佛有种东西把莉莉安固定在这里，削弱了她的意志，让她变得孱弱起来。一切和她想象的都不一样。这个人不像她以为的那样，把自己的欲望毫无节制地冲着她爆发出来，也没有那么凶残和暴力，同时他也不那么贪婪——为了得到她急吼吼地愿意交付一切东西！她从他身上想要得到的东西，都在这里！但是她也并非那种充满诱惑、游刃有余地盘旋在男人手中，能够以智取胜的女人，她总觉得自己有些不可能的本事！

“您害怕了吗，女士？”

此刻她脸上露出的神色，是害怕吗？

“有什么让您感到不悦的东西，我马上让它从您眼前消失。只要您一声令下，连我自个儿我也决不手软！”Y朝着她深深地鞠了一躬。在这个中国式的谦卑态度后面，埋伏着的是一轮攻击。

莉莉安不由自主地走得近了些。不，让她犹豫不决、自相矛盾的东西，不是害怕，也不是羞怯、拘束，有一种东西在猛烈地敲打着她的意识樊篱。她僵硬的笑容逐渐凝固成一个利己者独有的目光。这个目光大喊着："背叛！"

Y最开始对于她的变化还一头雾水，再一琢磨之后，立刻明白了过来。但是在这个原本受到威胁的男人的反抗当中，又掺杂着一种坍塌的情绪——尽管他本人已经与之作了很长的斗争。

"您必须离开了。"Y放柔了声音，"在这儿待下去，我没办法保证能够保护您。您应该离开我了，我请求您，不要再干涉我的生活。"

他必须把这一切都告诉她。不仅是因为他要尽力阻止这个女人随时可能的背叛，还有一层含义：他已经感觉到了，马娜来了，她就站在门背后，静静听着他们的对话。她的气息已经充斥了这里，让他感到不安。

"我当然会离开。不过先生，您甚至对于我来到这儿的原因都毫不感兴趣，真是失礼之极！"

"请您原谅我的失礼，女士，但我也同样是被迫的。我再次请求您，离开这儿。"

门外边传来一阵噪声，紧接着陷入沉默。

Y察觉到了马娜的气息，它正无声无息地弥漫在这个空间里面。他走到门口，打开通往花园的门，重复了一遍："马上离开！"

莉莉安走了几步，走到门口，她回过头来，看着眼前的男人。

在她的目光里，Y变得相当肯定："您现在和马林先生还有联系。我知道，您现在是他派来对付我的一个间谍，马林有这个抱负。对于我这个暴动分子Y，在革命开始之前，您必须把我五花大绑地带到他面前。”

莉莉安仿佛被人掐住了脖子。“我一定要毁了你！”她大吼一声，紧接着跑进了花园，消失在黑暗中。

马娜无声无息地走了进来，冷静地把手里的电报递了过去。他把这份电报揉成一团，紧紧握住了拳头，但是拳头又对准谁?

暗淡的月光从窗外透进来，Y拉上了百叶窗，躺到沙发床上。马娜的声音温和中夹杂着颤抖，Y静静听着她的话。

“我决不逼迫你。看到你受苦受难，我也会感到疼痛。我如果知道你崩溃了，我也会死去的。”

Y回答道:“你的整个生命都交给了我，而我难以承受这份重量。”

马娜环抱着他:“我会为了你忍辱负重，为了你忍受折磨。所有的一切！因为我爱你！”

在昏暗的前厅，革命委员会已经在等着Y了。

34

在三流酒吧里，在港口那些隐蔽的角落里，在城外空旷的天空下，Y四处游说着。他的话语带着暗示性的力量，一遍又一遍，充满激情，在那些迟钝的、畜生一般的人的心里点燃了火焰。Y在与自己艰难地抗争着，用自己的话麻痹着自己，想要隐匿自己、扼杀自己。他用灼烧的热情欺骗着自己、欺骗着别人。马娜一直陪在他身边，姿态平静，让Y从她身上攫取着继续行骗的力量。

从那天开始，莉莉安就没有再出现在人群当中。她难以入眠，高烧不退，一直打摆子，身体行将崩溃。在夜里，哪怕是最轻微的声响也会惊醒她。这是一场漫长的、徒劳的等待。

她依靠着那些致幻的麻药，各种念头在脑子里毫无拘束地来回奔跑。

一天晚上，她在自己的房间里看到了Y。她并不吃惊——她知道，他一定会来的。

Y已经完全变了模样，他变得又老又疲惫，颧骨也从蜡黄的皮肤里凸出来。莉莉安站在他面前，询问他想要干什么；他结巴着吐出一连串毫无意义的昏话。她不经意地碰到了他，他便仿佛获得了新生一般。她举起他那双枯萎、冰冷又骨瘦如柴的手，微微笑了。Y的眼睛忽然睁大，他走近了些。

莉莉安冷静地说道："我想要你和苏联的担保协议，我想要你们的计划。"

北京路上的皇宫，在这里的，都是在上海只手遮天的大人物。基德的演讲正到了高潮："在这种疯狂之中，我们将会占领全世界！"

但是，听众们都在为一件事情想破了脑袋：面对现在的局势，他们应该如何保护自己的财产和毕生心血？对中国感兴趣的欧洲政府早就已经料到了远东的危险局面，现在的种种建议都是徒劳。各种有代表性的立场想法都从每个人的心里冒出来，而基德先生显然比其他人要有远见得多，他想方设法让这些想法迥异的人达成一致，但是他只是白费工夫而已，这一回他失去了自己的影响力。

莉莉安忐忑不安地等待着，时间仿佛折磨她一般，一小时一小时地过去。她一个人在房间里焦躁地来回踱步，最近她很少见到自己的母亲，玛贝尔夫人贪婪地追求着享乐的机会，她正在有条不紊地毁掉自己。莉莉安并不想念她，这个老女人变得越来越陌生了。莉莉安更喜欢自己待着，现在唯一一个让她感觉勉强可以忍受的人就是基德先生了。除她的身体之外，基德对她并没有别的要求——这些念头从她脑海里慢慢闪现。

现在，Y来了，她的身体、她的神经、她的感官一下子松弛下来。面对这个男人的时候，她是占据上风的。他谦卑地弯着腰走近，把一沓纸放到了桌上，沉默不语，也没有明显的反应。莉莉安漫不经心地让这沓文件散在那儿，她的目光移到面前的男人身上。他也看着她，目光有些骇人——莉莉安想要大叫。

Y扬起脖子，他是如何到这儿的？他的目光带着半梦半醒的迷茫扫过房间，他确信自己是醒着的，一切都是真实的，真实得可怕。

现在，他想起莉莉安的话了，她就站在同样的位置对他说的："我想要你和苏联的担保协议，我想要你们的计划。"她说得如此简单，如此明了，如此带有压迫性。这句话里正是她全部的、强烈的意志。她的愿望如此简单明了，充满压迫性，她的命令也如此简单，而他又如此顺服地执行了她的命令。

这个女人对他的影响仿佛来自遥远的地方，他好像被催眠似的，毫无自制力，毫无意志力。不，事实上，她的愿望已经成为他的愿望，他偷走了自己抽屉里的文件——他成了自己这毕生心血的窃贼！是的，窃贼，因为这一切都不属于他，而是另外一个陌生人——马娜。马娜——哦，他现在不想考虑这个女人。马娜不是为了他而活着的！她从来没有为他而活，但是这个人——莉莉安！

她雪白的肌肤闪烁着珍珠一般的光泽，燃烧他的理智。皮肤，长发，脸，还有种族！他难道厌恶她吗？

白人和黄种人！

种族扼杀种族，仿佛要将他撕裂一般，他不断地陷落，陷落，陷落……不！他站了起来，移动到她面前，他的手环过她的脖子。要亲吻她，还是要掐住她？他不知道。还有那里的——那些纸片……

眼前这个白种女人突然推开他，一把抓过那些文件放进了一个铁柜子里。钢制的门沉重地落下去，锁死了抽屉。

文件！背叛！一阵巨大的厌恶突然席卷了他。

莉莉安把钥匙从一个铁抽屉里取出来放到自己身上。Y瞪着她，这个女人如此陌生！为了她，他难道甘愿变作一个窃贼，窃取的是自己一生的心力？对！他的毕生心血！打倒这个女人的种族！

刚才他脑子里全是白人的念头，而现在全部都是黄种人对白人的仇恨。

文件和计划！他绝不能背叛，这件事情事关这个外族的毁灭！他必须夺回钥匙。

Y站在她面前，甚至能感受到她的呼吸！不，现在他不再软弱了。现在他强大起来，无比强大。这些文件必须回到自己的手上，他伸手向她索取钥匙。

她仿佛凝固一般，毫无生气。不，她当然活着，甚至微笑着！

他想要把这个女人捉住，收拾一顿——想要杀了她。

Y跌跌撞撞地退了几步。不可能，他无法碰到她，雪白的皮肤令他厌恶，令他恐惧。

他扑向铁抽屉，挥舞拳头用力摇晃着，击打着——一切都是徒劳。

他疯狂地咆哮着，但很快停了下来。他突然获得了力量——对革命的责任心还在他体内，面对着命运依然镇定。现在，他完全成为一个亚洲人。

他转头走了过去。作为一个叛徒，而不是胜利者。

35

当天晚上，马林掌握了他们的文件和计划。他花了好几个小时坐在办公桌前，研究这些文件和符号。这些符号弯曲缠绕，互相纠缠在一起。这是他们和苏联政府签订的担保协议，他最后的一张王牌。这份文件里有革命组织详细的结构，记录了占领电报局、发电厂和最重要的政府建筑的计划，每一种信号，每一种通信手段。肯定有人为此付出了很多来完成它，付出了大量的时间、精力和能量，甚至还带着理想主义。这一切计划得多么详尽！有一种巨大的力量仿佛要破土而出。马林感觉眼前这些文件仿佛比他自己还要强大得多。一个陌生的声音从他嘴里发出来：“Y！到处都是Y！”

马林喝了一杯白兰地之后，脑子逐渐清醒起来，思维也活

跃许多。镇定和沉着重新回到他的身体里，让他能够控制自己。他用力抓住了这些文件，现在它们属于他一个人。它们在他手里，屈服于他的意志！有一种力量叫嚣着毁掉这些东西，重新建立起新的来。

莉莉安的生活比以往都要丰富得多。总的来说，她现在的日子过得相当有规律，单调、乏味又孤独。自从Y离开她以后，她就开始不断地追逐这种生活。与Y的交往在她心里难以磨灭，甚至一刻也没有离开过她。现在，她不断追随着自己的生活，想要再度寻回这种日子。她无法停下，也压根不想停下来。在公开场合，她作为基德的情妇露面，她有自己的轿车和小马，能够和这个城市里最尊贵的女人赛马，而且永远都是胜利者。她如今漂亮得惊人，完全舒展着自己的魅力，走到了一个成熟、丰满、充满韵味女人的巅峰。

但是——尽管这种时候相当罕见——她仍然感到孤独，她仍然是一个可怜的、不幸的女人。她抱怨着，为自己的所作所为感到羞耻又厌弃，她活在自己的罪责之中，忍受着良心的折磨。去找Y，去把自己献给他！——她不能这么做，但她却常常与这种念头做着抗衡。

莉莉安·碧雷斯小姐离开了基德在北京路上的豪宅，正想要登上自己的轿车的时候，马娜朝她走了过去。这个鞑靼族女人动作温和地制止了她登车的动作，转过头来目不转睛地盯着她，从头到尾打量着眼前的女人，但她的目光并不是挑衅和冒犯的，而是探寻的。

莉莉安被这个陌生阴沉的女人看得有些狼狈。她没有勇气问她是谁，想要干什么，而只能尝试着忍受这种居心叵测的目光，但她逐渐变得紧张和不耐烦起来。马娜用平静低沉的声音开了口：“您就是莉莉安·碧雷斯小姐，我不会弄错的。您想要否认这一点都是徒劳。在我开口告诉您我来找您的目的之前，我得告诉您我的身份。我是一个叫作Y的男人的情妇，毫无疑问，您是认识他的。”她的声音逐渐变得充满威胁，朝着莉莉安靠近了一步。

莉莉安迅速平静下来，镇定地应对道：“我当然不打算否认，我确实认识Y这个男人。但是至于您和他是什么关系，与我毫不相干，我也没有兴趣认识您。对我来说，这整件事都是多余的。我也不知道，我们为什么要站在这儿进行一场对话。”

马娜抓住了莉莉安的手腕，而对方却灵巧地挣脱开来，飞快地跳上了车，做到了驾驶席上发动了马达，她笑着朝马娜伸出手，把自己的名片递了过去——如果这个女人还想跟自己说话，那么她可以按照上面的地址来找她。她一踩油门，扬长而去。马娜瞪大了眼睛，看着飞驰而去的轿车，看着它载着这个微笑着的、自己还有许多话对她说的女人，一点点消失在混杂的车流之中。马娜站在原地，被嘈杂的声音和人群包围着，尚未完成的任务再一次令她深深陷入了痛苦的不安之中。谁会知道，她鼓起勇气走出这一步，花费了多少时间，考虑了多少事情，又克服了多少困难！而现在，这个女人，这个手中掌控无数人命运的女人站在原地，带着无名的畏惧和困境，被另外一个女人嘲笑了一番。她果真是这样一个微不足道的小人物吗？这个黑发而忧郁的鞑靼女人——她心里翻涌起愤怒，一种

野蛮的粗暴的愤怒，甚至促使着她作恶的愤怒。

莉莉安坐在驾驶席上，带着相当了不起的镇定开车穿过了熙熙攘攘的人群和混乱的街道。她脸上挂着一个疲惫衰弱的微笑，思考着那个皮肤黝黑的女人，那个带着强烈的痛苦和厌憎的女人。她听着她的话，那些模糊而沉闷的话。一切都那么迟缓而徒劳无功，她现在停在了哪儿？那个鞑靼女人又站在哪儿？她，莉莉安，她的一切都结束了，与那个男人——那个要与她一争高下的男人的关系也结束了。她能够理解这个俄罗斯女人，完全能够理解。但是她还能从自己这儿得到什么呢？她凭什么厌恶她呢？莉莉安不理解她为什么这么做。她只想活着，像现在这样活着，没有意识、没有感知地活着。

基德先生和马林先生相对而坐，沉默着，互相窥探着。他们的目光不安分地闪烁，脸上都是严肃冰冷的皱纹。现在要详细讨论的都是重要的事，但这两个男人的对话却并不顺利。

基德先生首先从上海市市长的立场出发谈到了杜瓦尔的继任者的事。大家一直期待着，马林能够早日兑现他的承诺。马林现在确实掌握着革命党的文件和计划，但是他既没有兴趣，也没有这个责任感像当初自己承诺的那样做。

基德先生的态度逐渐变得胁迫起来，他逼问着他到底想干什么，他难道想眼睁睁看着上海被血泊淹没，交易所毁于一旦，所有的工业和贸易一蹶不振？他有什么目的，又想要从这场对抗暴力的斗争中获得什么？

马林沉默的反抗激怒了他，基德先生激动起来。他现在已经明白了：论智谋，这个法国人远胜于他，至少他现在的优势也能和自己分庭抗礼。

让基德有些惊愕的是，加里克逊的那些报纸竟然能够持续这么长时间，带着这么强硬的态度向上海市政府要求，无论如何要让马林担任警署总长，让他确保外国公民的人身和财产安全，而这些事情在当下绝非无关紧要的小事。加里克逊这个奇怪的举动让基德大感怀疑，甚至在问出这个问题的时候，变得不确定起来。

就像往常一样，基德要一个明确的答复，让他依赖猜测和结论推理可不是他的风格。他的脸上涌起血色，猛地一推凳子，这个魁梧的人用力地站在了法国人面前，他要亮出自己的獠牙让这个人好好看看！

马林并没有什么好期待的，他想起了自己曾经见到的，基德和杜瓦尔之间谈话的那一幕。他琢磨着，现在基德也会再一次爆发出来。马林等待着这一幕——让这个恺撒一般的、疯狂的证券业老虎和投机商领教一下自己的力量，他早就这么打算了！

基德首先用尖锐的、毫不留情的话提醒他，尽快兑现自己的承诺。不等马林回答，这个美元帝王叫嚣着，他说的那些文件统统都是谎话，都是愚蠢的把戏和吹牛。

基德的拳头和脸就在他面前晃动，马林克制着自己的情绪，他下定了决心，越过基德，打开了自己的保险柜，从里面拿出了那沓文件，丢在了这个暴跳如雷的疯子脚边。他一下子弯腰，急匆匆地捡起来，踉踉跄跄走到办公桌边，把脑袋埋了进去。马林等他看了一会儿，沉稳地走过去，把这几张纸从他鼻子下面抽出来，重新放回了保险柜里。

基德大张的嘴巴几乎闭不拢，嘴唇像痉挛一样抽搐着，过了很久，他才能够重新开口，但他一句话都说不出来。

马林说道："您现在应该相信您对我的指控全部都是空穴来风了吧？在此之前，我请求您离开这儿。从现在开始，我们之间的盟约解除了。作为您在路上的安慰，我再说一句：在适当的时候，您会看到我在自己应得的位置上。再见！"

基德离开了。他坐在豪宅的办公室里苦思冥想，现在这个令成千人颤抖害怕的男人蹲在这儿，满脸带着疲惫和衰弱的神情。他彻底出了丑，他想要驾驭一切，而现在却被他人驾驭。现在，他只能浪费时间等在这儿。马林把他抛弃了，他被迫用这种可怜的方式离场！他该多么痛恨地咒骂这个男人！自己被他完全给糟蹋了，这个法国人依附着他爬到今天的地位，他今天才发现这个男人如今的势力已经难以抵挡！

他沉思着，不断拷问自己，折磨自己。渐渐地，他终于想通了，他开始明白：马林希望看到这场革命的爆发。只有这样，这个贪图权力的人才能得到机会，证实自己的力量和权力——他要树立起自己的独裁。独裁者！对，他要的就是这个，绝对不会错。

而现在，马林也带着同样的念头。他现在自由了，不受任何资本家的束缚，这正是他想要的。一旦掌握了这份情报，他原先那个暧昧不清的地位一下子就升上去了。他可不想踩低政府借此往上跳——他在不久的将来会亲自肩负起政府的。现在要做的事情只有一件，那就是等待。做好准备，拖延住这个城市里的那些寡头大亨们，然后才能控制住他们。

基德先生半睁半闭的眼睛微微眨了眨，抬起了头。他的嘴角有些颤抖，他的双手不再充满力量，鲜活的生命力从他那失去血色的脸上迅速流逝。他伸手拿起旁边的话筒，迅速地叫来了自己的秘书。

对，他的新秘书——一个总是带着狡黠笑意的中国人，很快就出现在门口。基德向他透露了自己最新的战斗计划，秘书带着敬佩的笑容，冲他笑了起来。

36

1925年5月5日，晚上。城市上空积聚着压抑的闷热，无风。天空中全是厚厚的云，月亮苍白模糊地挂在天边。大海的深处传来声声怒吼，遥远而不真实。锚定在港口的船只上，一排排桅杆和烟囱像幽灵一般直刺夜空。在这个夜晚，港口冷冷清清，只有几个拖着沉重步伐的纤夫，还有那些见不得光的下层无赖在四处寻找一点儿垃圾，但是一个穿制服的军官都没有看到。让人们惊讶的是，在那个老旧破烂的地下酒吧“芝加哥”里，还坐着一个穿水兵制服的高个小伙，在这个可疑的环境中，他镇定安静地喝着自己面前的苦艾酒。他难道不担心上面的命令吗？来自他周围的目光紧紧地在他身上睃巡着。

这个酒吧的老板不是别人，正是王先生，巴拿马旅馆的老板。这个有教养又文明的中国人在最好的城区享有一家自己的旅馆，他怎么又会和这个肮脏的洞穴联系起来？王先生和其他中国人一样令人捉摸不透。最开始，有许多俄罗斯人在他那儿租住下来。紧接着，他似乎就和一些革命党人有了联系，但一切都是出于纯粹的友谊。后来，巴拿马旅馆变得古里古怪起

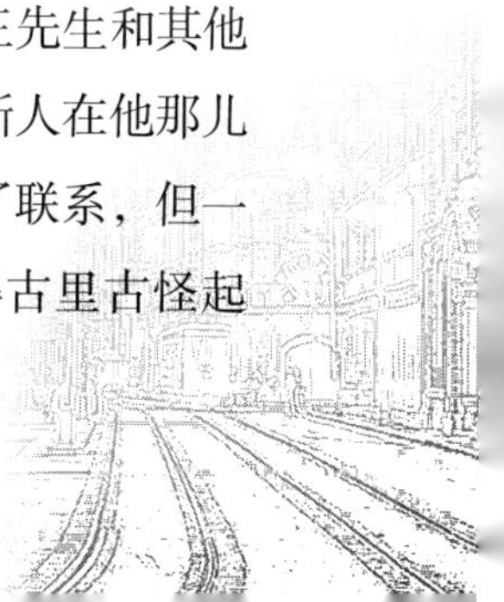

来。不久之后，警察在王先生这儿发现了武器。尽管他发誓自己不知道这些东西是怎么来的，但一切争辩都是徒劳。他不得不从自己的房顶上取下米字旗。在缴了相应的罚金之后，他被无罪释放，现在只能接手这家不干不净的小酒吧，并且按照美式风格装修了起来。他调制那些恶心的酒饮料，整日摆出一副悲愁绝望的表情，渴望着那些伟大的、为全世界带来幸福的民族的到来。在酒吧旁边，他还经营着一个抽鸦片的烟馆。

王先生对这个水兵很感兴趣，冲他眨了眨眼，邀请他抽一管鸦片。

这个水兵道了谢，但这种东西他还不想沾染。这位主人恳求他在这儿多待一会儿，而水兵继续喝着自己的酒——无数的目光对准着这边。

距离王先生的酒吧不远就有一个平层建筑，这里就是革命传单和宣传册子的打印间。而这个建筑通过一扇玻璃门连接着另外一个房间，Y、马娜，以及“美元”“英镑”“银两”三位先生，还有一些执行委员会的人都在这儿。这里，就是革命党的秘密总据点。

Y迈着大步来到这个房间，他没有看这儿的人一眼，完全沉浸在自己的思绪里。他开口只说最必要和最客观的事情，发出指示，传达命令，不容任何反抗。他往往停下来，沉默数分钟之久。他一直遵照着先前的计划行事，而他清楚，这份计划早已被外人所掌握。各种念头在他脑子里作斗争，他执拗地垂下脑袋，调转视线看着周围的人。

他面前的这三个人在他眼里不过是三个地痞流氓，“美元”“英镑”“银两”那眯缝眼里闪烁着狡猾的光芒。Y厌恶这怀疑的目光，他们的眼睛几乎能够和刀子媲美，现在这六把刀正朝自己刺来。这令人作呕的唇齿还咀嚼似的磨动！ Y感觉自己仿佛正在被他们一一磨碎。他们这样监视着他！他迫切地需要发泄自己的愤怒，他急需这样的机会。当他向他们提问的时候，这三个人只会给出模棱两可的答案，他们当然更喜欢沉默。Y思索着，他们现在在这里到底有什么目的，到底想干什么？这三个人无所事事地在这儿晃荡，又蹑手蹑脚地在他周围来回走动。Y的目光扫过他们，停留在马娜身上。这个鞑靼女人现在正坐在一张摇摇欲坠的凳子上抽烟，她那厚实性感的嘴角挂着憔悴的笑容，幽深的目光里带着舒适和满足，她就这样看着Y。Y看着她：现在所有的屈服、羞辱、折磨和痛苦都从她身体里消失了，她知道自己不必忍受任何事情了，现在，轮到她坐庄了。

Y愤怒不已，他难以忍受这个女人的目光。一旦想到还有人能够安逸自得地度过这个夜晚，脑子里面的血液就会沸腾起来！而这个人就是马娜。这是爱吗？是无私的、忘我的爱吗？不！这只是嗜血成性的自私，不可能是别的。他多么希望，这就是能给他信念、让他坚持完成这件大事的爱啊！这件“大事”，让他成为背叛者，背叛了人民，背叛了她，也背叛了自己！

现在的警察总署比以往都安静。大门紧闭，只有一个门卫孤零零地在站岗。所有的警察都严阵以待。

马林在他的办公室里，向几个军队的统帅下达指令。他兴致勃勃地向自己手下的密探透露暴动者的准备位置，他尽力克制着自己强烈的激动之情，声音听上去粗粝而冷硬，但并不洪亮，反而低沉如耳语。

市长和欧洲政府代表对于现在的局势发展缺乏控制能力，他们只能采取一个保守的观望态度，躲在不负责任的掩盖之下。他们唯一所做的积极措施就是给军队司令一些预防建议。而对于马林，他们一直保持着怀疑。而那个他们准备用来在失败的时候代替马林的人，也早就准备好了。

加里克逊把他的班子召集到了身边。他的手交叠在背后，仿佛将军在前线视察一样，他舔了舔自己的胡髭，嘴里嚼着口香糖，又用力吐在地板上。他嘴里吐出几个零散的单词，这个时候，他往往不需要说什么，但他却需要这些人待在自己身边。加里克逊脑子里想的东西却早已远离了这里——如果他想要安静地沉思的话，就不得不需要这么多人来当自己的陪衬。他紧张地思考着，整个房间里都无比沉默，闪烁着虚伪的光芒，哪怕是最精明的记者也看不清人的本来面目。

加里克逊审问着自己的密探，但他们都空手而归，甚至什么都不知道，只会交代一些含混不清的内容。加里克逊愤怒无比，让这群人离开了这里，留下自己一个人。

电话响了。加里克逊不慌不忙地走过去，慢慢拿起听筒。突然，他的脸色变得苍白起来，仿佛过了好多年似的血色才重新回到脸上，眼里也爆发出光芒和活力。他飞快地嘟哝了几个字，丢下话筒，朝着自己的手下大叫，让人去准备轿车。

这个突然焕发活力的报业之王朝司机大吼着：“福州路！

警察总署！”给他关上车门的人听到了这个消息，很快传给了其他人。几分钟之后，加里克逊统治着的这栋大楼里的人都知道了这件事，所有人都凝神屏息，只有打字机前的人还在安安静静地工作着。

基德在自己的豪宅里度过了这个夜晚。这个地方现在就像一个要塞城防一样，他不愿意离开这儿。最近，人们很少见到他，无论是在宾馆还是在那些上流人物待的酒店，他都鲜少露面，连在宝昌路上的别墅都难以见到他，更别说那些俱乐部酒吧了。他自己商场大楼里的人也很难见到他。大家都知道，他在北京路上这个大房子的门后面。

基德先生就在这个装潢富丽的房间里，坐在那张属于埃塞克斯侯爵的豪华椅子上。他抽着烟，冷漠地看着周围，等待着那个时刻的到来。沉重、臃肿、鼓囊囊的肚子，下垂的嘴角——他完全沉浸在自己的安宁之中。在他旁边放着的是一杯饮料，他偏爱的威士忌。

对，他感觉很不错。他为什么要关心马林，关心那些文件，关心谁是警署总长呢？政治里面还有事情能让他发愁的？没了！他对着这个谋杀式的混乱局面大笑一声，所有人都是蠢货！他满意地得出了这个结论。他已经为自己和自己的将来做好准备了，这简直是杰作，是绝招！他已经把自己所有的资产通过一个挡箭牌顺利地、悄无声息地转移了。虽然这件工作够辛苦，但是他还有足够信任的人。交易所会毁于一旦，他已经没什么可以输的了。他想要烧掉自己的石油和棉花，让所有东西付之一炬。而油价和棉花价格在此之后会重新调整

回来。

基德先生为革命祈祷着。他甚至想在必要的时候资助这帮人。他一边打盹一边嘀咕着："对，对，俄罗斯人，你们在干什么，他们已经知道了。"他接着说道："为了布尔什维主义和世界革命，还要付出什么？谁知道……"

"机器走得越来越轻，越来越慢。孩子们在工作的时候唱着歌，看守鞭打着他们。老人满手通红，但人们必须鞭打他们，一直打，一直打。"

"你认识——他吗？"

"天之子？"

"人们只能感受到他的存在，他的脸无处不在，谁不认识他呢？这就是我们自己的脸。"

这两个哲学家一边对话，一边从王先生的酒吧里走出来，消失在幽暗的城市里。

水兵仍然在酒吧里喝自己的酒。他已经醉了，双眼浑浊，失去了光芒。

王先生重新跟他搭话："先生，您看上去很悲伤。"

"你看过溺水的死尸吗？"水兵打了个嗝，"肚子鼓得老高，眼睛像玻璃珠子。您比他们好不了多少。"

中国人凑近了他，其中一个人说道："你们为什么不洗干净这双染血的手？"

水兵叉开腿："我的手和你们有什么关系？就像我，我需要管你们的臭脚吗？"

这时，另外一个人影摇摇晃晃地朝他走过来，他是从这个

酒吧旁边的房子来的。他仿佛是从地洞里爬出来的，脸上是不真实的、脆弱的潮红，

水兵被这个似人非人的影子吓了一跳，面前这个东西就像行尸走肉一般！

这个人拍了拍他的肩膀：“同志。”

水兵几乎坐不住，他回应道：“同志，什么事？你是从太平间过来的，现在在散步吗？”说着，把对方的手甩了下去，怒喝道：“去你的，黄种垃圾！”

这个人大笑起来。

“黄种垃圾？”他爆发出一阵大笑，这阵笑声仿佛在心脏上切了一刀一般刺耳。“垃圾，我确实变成垃圾了。我好好地克服了所有的困难，却落在了你们手里。现在，我就是这么一个活着的尸体。我的脸变黄了，我的心脏却在海面上狂呼。”他抽搐着大叫起来：“上帝保佑国王！”这个从前的英国水兵，如今却被鸦片毁灭了一切，窒息在自己的大笑和眼泪里。

这个水兵难以忍受这种局面，他不想再看到这个垃圾货色了。他站起来，决定离开这里。但是他还没走到门口，那些中国人就围了过来，威胁地看着他。这个水兵抽出了自己的刺刀，刚刚成功走到街上，却被拉拽了回来。酒吧的主人向他索要酒钱，而这个水兵已经没办法再转身离开这儿了。一把冰冷坚硬的钢刀从他的肋骨当中刺出来，他带着这种剧烈的痛楚被拖行了好远的距离，最后终于无力地死在了沥青街道上。他还剩一点儿力气，能够抬头看着头顶的星星——在他的家乡也有这样的星星。这对他来说是个不错的死法。

“美元”“英镑”和“银两”从打印间的门口退了回来，秘

密商量着这一切。不断有人在这个房间里来来回回，而Y严格把这一切掌控在自己手里。晚上十二点，他就会宣布总罢工了。到时候人们全部会来到街上，往大财团的方向进发，在政府门口进行抗议示威，同时还要占领发电厂、电报局和电话局。他们要推翻国外的势力和本国的资本主义，在必要的时候不惜动用武力。

所有一切都在敲打着Y的大脑，所有一切都早已泄露了。而他，必须背叛这些为他付出生命的人。责任感还在作抗争，而他粗暴地把这种愧疚压了下去。这个一脸厌倦而满足地坐在自己面前的女人，是时候验收自己的成就了。他活在对她的憎恨之中，这个女人逼他盲目地一次次背叛。在几个钟头之前，他还为无数人的性命而内疚，兴许这些被欺骗的人已经看穿了他的背叛，看穿了他这个叛徒——Y克制着自己不要去想这些事情。他现在只有一个想法：毁掉这个女人和她的这件“大事”，他现在还没有完全毁掉。他是为了一个女人，一个他深爱的女人，一个讽刺他、羞辱他、蔑视他的女人吗？他之所以和这个皮肤黝黑、令人作呕的鞑靼女人重归于好，重新投身革命事业，就是为了击败那个光明的、漂亮的、闪闪发亮的女人以及她的背景。他现在不过是一个苦工，一个可怜的、贫穷的苦工。

马娜站起身朝他走了过来，抓起他的手。她那乌黑的大眼睛深深看着Y。她的目光里有同情、关怀和爱，没有不信任，没有燃烧的怀疑。

他让她感觉到了自己的厌恶，她往往不屑一顾。他知道这种不屑，但他必须忍受这一切。但是在这个并不漂亮的女人心中，对他还有多少爱，多少牺牲精神，多少奉献精神、歉意和理解？他从爱人那里所承受的一切、所遭遇的羞辱，比她要多得多！他带着上千人的性命进行着一场毫无意义的战斗，而她，这个鞑靼女人，却能够用自己的爱把自己武装得更坚强、更牢固，甚至超出他的预期。Y想要阻止自己犯下这个不可饶恕的罪行，他想要警告人们这场失败，想要谴责自己，想要为这一切负责。

在门口，有五个人面色严肃慎重地站在那儿。他们是工会代表，现在等着Y发布总罢工的命令。Y踟蹰着，他的内心进行着胶着的斗争。现在还有时间来阻止无辜的人献出生命。

但是这个野蛮的女人——马娜，用目光催逼着他，不断靠近。而另一边，则是一个充满诱惑的女子——莉莉安。一个是不知限度的虚荣，一个是罪行。他仿佛能够感受到莉莉安的靠近。但是在门边，就站着这五个男人，面色严肃而慎重。Y已经开始有些动摇了，他想要推迟罢工，为这场折磨自己的战斗赢得时间。但是他立刻又畏惧着马娜和面前的男人。他下达了总罢工的命令，下达了暴动的命令。

马娜把他拽了过来。他现在应该去向民众做演讲了。

37

马林在警署的办公室里接待了加里克逊先生。这次对话持续的时间并不长，仅仅局限在纯粹的商业层面。马林没说一句套话和空话，他简单地问加里克逊，他的集团是否有能力支付苏联和革命党秘密合同的打印费用。加里克逊敏锐地察觉到，

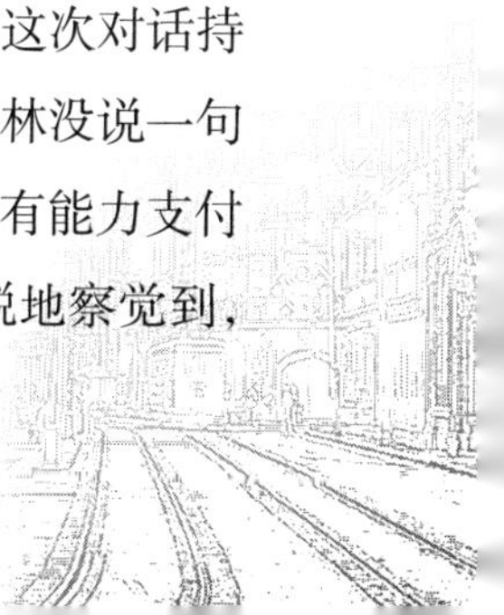

这个上海未来的统治者没有太多的时间了，而他也同样时间紧迫。马林给他报了一个总价，加里克逊没有反对。紧接着，马林给他展示了这些文件的原件，把复印件交给了他。这桩生意很顺当。加里克逊一刻也没有多待，急匆匆地离开了警察总署，坐上他的劳斯莱斯，迅速地离开了福州路。

马林现在是一个成功者。他的雄心抱负一刻比一刻强烈，强烈地转化成对权力的渴望。他已经和几个军队司令进行了谈话，但是他们现在仍然打定主意要遵守政府的命令。马林心里清楚，他这种孤立局面不会持续太长时间了。革命一旦开始，这些纸上谈兵的达官贵人们很快就会失去耐心，也会失去高高在上的镇定。他现在暂时需要视察一下自己整装待发的部队——很好，他很满意。坦克、机枪大炮，还有可靠的印度人。对于打赢这场战役，他已经做了足够的准备。

报警器尖锐地嘶鸣，机器停止工作。从工厂里涌出来大波的男人、女人和孩子。他们或是眼睛半瞎，或是鼓着流脓的眼泡，踏上了通往自由的大路。这些人带着自己哆哆嗦嗦的手脚，拖着疲惫破碎的步伐，跌跌撞撞从工厂走出来，从夜班岗位上走下来。他们就像一群牲口一样往前迁移，贪婪地呼吸着清新的空气。对，空气，纯净的、干爽的空气。这种气息让他们重新有了活力。他们大笑着，高谈阔论着，互相打手势，感到无上的快乐，仿佛是要去参加一场盛大的宴会。这对于他们来说是全新的体验，是从来没见过的一种经历，一种伟大的经历！至于革命，至于为了自由和尊严的斗争——没有人考虑这些问题。他们的生命完全被这种全新的感觉充实了。这儿有足够的空气，他们现在能够在这个美好的夜空下漫步，而这对他们来说就是一次盛宴。

这一波行进的人潮遇到了阻碍，静静停了下来。有人开始演讲——简单、狂野而充满煽动性的演讲。人们现在才知道发生了什么。这些男人女人的话听在他们耳里，让他们感到愉悦无比，现在，这些人就是他们的领袖。他们心里升腾起巨大的热忱，全然陌生的感受被唤醒。这种热忱很快变为狂野的激情。所有人开始尖叫、咆哮，声音汹涌沸腾。痛楚、厌恶和战斗的火焰熊熊燃烧起来。演讲者的话语一传十、十传百,一个人听到了，立刻告诉给其他人，很快变成一片嘈杂的声浪，成千上万的声音形成一股飓风。人潮汹涌澎湃，不断扩散，淹没了街道和广场，传递到老旧肃穆的中国城的每一个角落，填满了整个法租界，国际商会的大堤岌岌可危，很快就要被撕破。组织有序、荷枪实弹的部队朝着发电厂、电话局和电报局碾压而去，在路上他们一个警察都没有遇到。另外，一批人迅速组成几路小分队，朝政府大楼行进。这群暴民聚集在一起，洗劫了富人的商店和住房，烧光了路上的一切。乞丐、满脸脓疮的人、布满皱纹的人，还有木乃伊一样的白发老人堆积在这个城市古老的宝刹面前，簇拥在大肚便便、受人爱戴的和尚周围。一个百岁的学者引用了老子的名言：“持而盈之，不如其已。揣而锐之，不可长保。金玉满堂，莫之能守。富贵而骄，自遗其咎。功成身退，天之道也。”

刚才的乞丐、满脸脓疮的人、布满皱纹的人，还有木乃伊一样的白发老人带着越发激动的心情倾听着他们的话，在震耳欲聋的呼声靠近的时候，最受爱戴的和尚比了一个失望的手

势，让这群因恐惧而战栗不已的信徒跟他走进庙里。所有人互相推挤着、踩踏着往里面挤，盲人摸不到路，不知道往哪儿走，被推倒在地上，被一双双脚踩踏过去。聋哑人最开始只能僵滞地固守在自己的位置上，此时凭着本能跟其他人一起挤进去，而那些一脸脓包的人抓着对方，指甲戳进那些无药可救、裂开的脓疙瘩上面。白头发的老年人颤颤巍巍，嘴里爆出一声声诅咒和辱骂，用孱弱的拳头为自己开出一条路来。瘸子只能无助地等在后面，绝望地挥舞着自己的双手。

这群暴徒已经毫无阻碍地来到了庙宇面前。这群“国际主义者”喧腾着，呼啸着，咒骂着，嘲讽着和尚们，诽谤着这个圣地。一个粗蛮的女人跳了出来，煽动着这群流氓，激起他们的愤怒。和尚，对，和尚就是最大的恶棍，他们从最贫苦的人身上剥削金钱，和外国资本势力勾结，这个寺庙和其他所有的圣迹都是欺诈，如果你们想要获得自由，就必须屠戮和洗净一切。

马娜的话在人们的心里激起了一阵狂风暴雨般的激情。这群乌合之众已经全副武装！寺庙里还有财富，还有无数取之不尽的财富。现在，这些珍宝必须，只能属于他们，属于人民！当然，这个鞑靼女人给他们的启示就像熊熊燃烧的烈焰，在他们的头顶点燃，为他们指明了道路，指明了一条正确的道路！

现在，暴徒们要彻底推翻寺庙了。和尚们躲在他们的后面抵抗着，面对这群嗜血的、要抽筋扒皮的人，嘴里吐出一连串恶咒和毒骂。

马娜和她的同伙命令暴动的人们把这些秃头和尚丢在这

儿，把那些应该拿走的东西赶紧拿走。但是这番唆使没有改变他们的决心，他们像人墙一样簇拥在这些和尚和寺庙周围。

紧接着，人群开始往前行进，马娜见状，匆匆跑开。那个百岁的老者举起双手，大叫着老子的名言："民不畏死——奈何以死惧之——？"

站在他面前的马娜一巴掌打在他的脸上。在她后面涌过来的，是成千的暴贼大军。无数的乞丐、病秧子和老头被踩在地上碾压过去。几千岁的中国带着被打碎的骨架和被踩烂的肉身，半死不活地倒在路上，倒在通往寺庙和宝刹的路上。

和尚争抢着自己之前的华丽长袍，最后他们被扒光了挂在所有人面前示众。金子、珍珠、宝石仿佛秕糠一样撒在寺庙血红色的地上，紧接着被捆成一扎一扎的包袱。火花噼里啪啦地闪烁着，建筑嘎吱嘎吱地响，所有人的尖叫、咒骂还有刺耳的声音混在了一起。

火光映红了半边天。

就在这个时候，酒店里面的人还在不知疲惫地跳着舞。这个上流社会处在暴动的外围，对外界发生了什么尚且一无所知。爵士乐的节奏轰天地响，其中还夹杂着萎靡柔弱的流行歌曲。

莉莉安回到了另一边，坐在一个不引人注意的安静角落。她已经跳了很多支舞了，神情疲惫迷茫。时不时吹来一阵猛烈的穿堂风，缠人地从这儿吹过去。她重新往脸上涂了脂粉，给自己戴上了完美的面具，尽管她的双手疲惫得好像马上就要落下去，她仍然用尽所有的力气完成了这一切。她太困

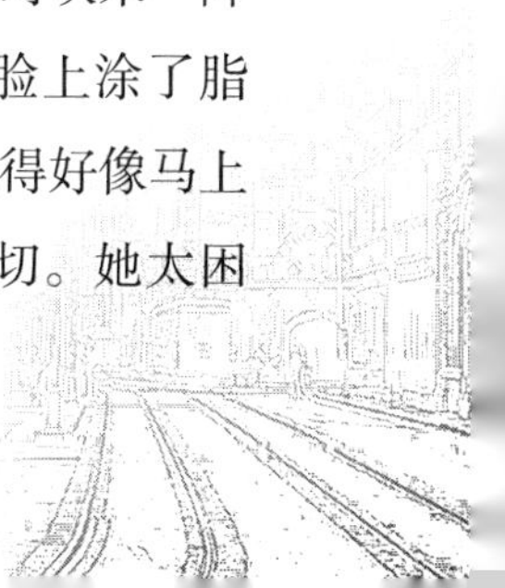

了，但她害怕睡觉——她更怕的是醒来的时候。因此，尽管她已经如此疲惫，仍然控制着自己尽量少睡一会儿。

她的母亲，玛贝尔夫人来到她面前。莉莉安想绕开她走过去，她现在只想逃避。现在她不想和这个女人——这个她作为“母亲”来敬爱的女人，待在一起。当她冲着自己说话的时候，当她看着自己的时候，甚至她想要拥抱自己的时候，莉莉安会紧张得脸颊通红。这个女人现在突然而至的、莫名其妙的爱让她感到尴尬不已。她们之间这令人痛苦的关系，还有可怕的压抑和不确定，让她永远无法亲近自己的母亲了。莉莉安因为羞耻而颤抖起来，逐渐变得肆无忌惮和冷酷残暴。她夺路而出，留下玛贝尔夫人一个人在原地。

玛贝尔夫人那幽深暗淡的双眼死死盯着空气，她眼里一滴眼泪也没有。当她想要思考些什么的时候，她的思绪便乱作一团。她只能迈着破碎的步伐，一步一步，从容、沉重而缓慢。

Y再次出现在革命集团的指挥总部，他收到了来自殖民领袖的警告。但是，最重要的还没有完成：占领发电厂，控制城市供电。然而马娜又在哪儿？他焦躁不安地四处询问马娜的下落。

酒吧的老板王先生在自己的房顶上挂起了黄色的龙旗，他把那些抽大烟的赶了出去，锁上大门藏了起来。而另外一边，人潮迅速地朝着电报局和电话局移动，最前面的就是他们的领导者。在距离电报大楼还有差不多十米的地方，人流停了下来。有人在后面推挤，所有人伸长了脖子往前看。所有人突然冷静了下来，不再说话，好像团成了一个随时出击的拳头。在他们面前的大楼里，空空荡荡、安安静静，没有灯，大门紧闭，毫无生机地立在那儿。这栋建筑上的电线密密麻麻地搅在一起，向城市的四面八方延伸开去。

最前面的人群率先组成了一个带有武器的突击队。领头的首领还在秘密而急切地商量着什么，后面的人已经迫不及待地往前挤了过来。人墙和这栋建筑的距离越来越近了，知情的人还在等待从大楼里面传出来的暗号——这个早就该来的回应迟迟未能出现。带着窒息般的沉重，上千人聚集在这里，满怀迟疑、紧张和急切。领头的人一动不动地站在原地，抬头盯着大楼的窗户；而后面的还在往前行进。突然，一扇窗户当啷一声打开了，随着碎裂的玻璃，一个东西一下子落在了地面，滴溜溜滚动着，一直滚到了最前面的人脚下，紧接着，引发了刺耳的尖叫。

是他们革命党的内线、电报员老高——本应该发出暗号的人的头颅！领队的人愣在原地，毫无疑问，这栋建筑已经被警察控制了！几秒之后，从所有的窗户里射出来一阵枪林弹雨。压抑着痛楚的声音、击穿身体沉闷的声响弥漫在空气里。不再有尖叫，剩下的只有一团混乱。紧接着，人群突然开始后退，想往电话局的方向撤离。就在此时，队伍后面突然响起了“嗒嗒嗒”的机枪声。他们被一只强悍的拳头捏紧了。后面的人往前挤，前面的人往后压。响亮的呼喊，女人的号啕，刺耳的尖叫，还有流泪的孩子的痛呼，其中混杂着的是仿佛伐木声一样干巴巴的扫射，这是一场屠杀！人群抽搐着，身体堆积成血肉模糊、无处可逃的人堆。死人和伤者堆叠在一起，紧紧挤在中间。活人的脸扭曲成鬼脸，上千个灵魂的身体衰亡，

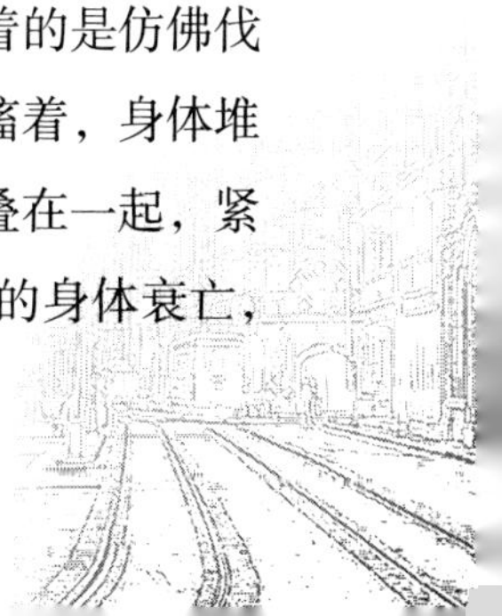

逃离，消散，奔跑——奔跑。

在发电厂外，上演着同样的一幕。暴动的人群把这里封堵起来，抵抗着警察的猛烈攻击。炸弹四处炸响，火星飞溅。在政府大楼门口，等着他们的是警察的封锁线。坦克轰响着对准了走近的人流，装甲车追赶着作鸟兽散的逃兵，他们的封锁遭到猛烈的进攻，最终彻底被捣碎——反抗者组织的武装起义被完全击溃了！

Y和委员会的人正在进行激烈的辩论，马娜张皇失措地破门而入，让他们的争吵戛然而止。她咳嗽着，结巴着，用支离破碎的语句告诉大家在街上发生的一切。她仿佛喝醉了一样，说出的话逻辑混乱，毫无关联。人们紧紧地凑到一起，眼睛血红，疯了似的互相推攘。所有人都说起了同样一件事情：在街道上，广场上，死者和伤者已经有上百人之多。警察毫无顾忌地朝他们发起了攻击，在天明之前，革命就会被彻底镇压下去——这件事一定走漏了风声！

Y直直地站在人群当中，固执、坚定地回应着马娜的目光。

马娜声音嘹亮地喊道："不可能被背叛！"所有人的目光都聚集在她身上。"什么背叛！"她嚷嚷着，"你们这群蠢货！你们都把我们的组织给忘干净了吗？"

Y冷硬沉着地接过了话，他下令道："战斗，战斗！战斗到最后一刻！"

加里克逊的报社一刻不断地维持着高强度的工作状态，打印机的声音盖过了忽远忽近的机枪嗒嗒声。记者们进进出出，加里克逊本人在报社大楼里上上下下。他手脚一刻也不停，几乎能够瞬间出现在需要他的地方。他发布命令，给出任务，接收记者的报道，探头检查打印室，打电话，扫视还带着潮气的校对样本，嘴里嚼着口香糖，又吐出来，抽烟，大吼，朝人打着手势。

马林坐在警察总署的车里，往开战的广场驶去，视察情况。车开过了南京路。他整个人顽固坚韧，毫不妥协，又激动得满脸通红。他没有时间环顾周围的情况，这里的局面几乎把他吓跑了。他又看到了先施百货和永安百货两栋大楼。这两栋楼比之前更高，更加目空一切地耸立在他面前，不真实地、诡秘地、意味深长地耸立在这里。在那个时候，Y就评价过这两栋楼，也说起过革命——那个时候，“革命”就像一头沉睡的野兽，在暗中蛰伏。现在它醒来了。这两栋令人头晕目眩的建筑会在一场高价的赌注当中坍塌——灾难已经降临了。但是，先施百货和永安百货仍然伫立在这里。它们或许不再会往上加盖了，因为它们的主人如今变得更加深思熟虑了。

依旧藏在北京路豪宅里面的基德先生，悠闲地交叠着双腿，吸着一支雪茄。他的亲信站在不远不近的地方，时不时向他报告他那些石油和棉花仓库是否烧起来。竟然有人夺走了这么好的机会！基德先生有些恼怒。

当他期待的事情发生的时候，基德又变得满足愉快起来。他一拍大腿跳了起来，现在，没有什么能够把他禁锢在这个要塞里面了。他一定要去看看这一出精彩绝伦的好戏，他迫不及待！在警察力量的掩护下，他的车绕路穿过城市。那些密集的枪林弹雨无法吓退他。在黑暗的夜空里，火光将天空染成了暗淡的血红色。四处都是被引燃的火堆，黑沉沉的浓烟弥漫

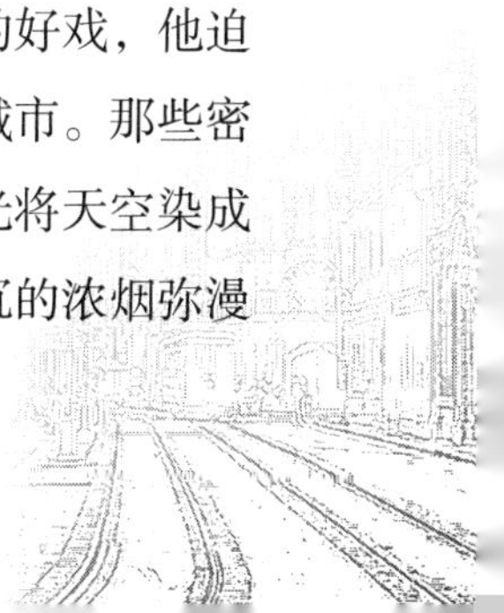

着。长长的火柱笔直地刺向天空——啊，这就是他的石油！这些绝佳的燃烧物，为大火提供了充分的养料。那些一个接一个、多得看不到头的仓库里面，堆积着的全部都是棉花，现在它们都变成了飞溅的火星，一点点落在地上。基德仿佛沉醉般地看着这个画面，他忽然想起了杜瓦尔曾经说过的话：“我们都或多或少生活在火山下，并且总是在害怕我们所有的工作、汗水和紧张有朝一日会被一次突然爆发的炽热岩浆所毁灭……”他还说过：“但对于那些趁我们睡觉发起突袭的，我们什么也不能做，什么也不能阻止。”

对的，他说的没错，这个预言家一样的警察先生。这些火热的、沸腾着的液体，现在正带着毁灭的力量四处流淌。但他，基德，并没有在睡梦中被突袭。他是清醒的，清醒地看着这场灾难朝自己袭来。杜瓦尔说过：“到那个时候，毁灭性的灾难就会席卷我们——毫无疑问，这将是一次垮台和接替……”杜瓦尔已经彻底垮台了，他一丁点儿痕迹都没有留下。但是他，基德，却在这个时候获得了新生。他没有被接替，而是成为接替者。

夜酒吧和宾馆仍然完全正常地维持着运转。所有人都避免让那些血腥的消息顺着空气挤进这个密封的、充满欢乐和趣味的空间。爵士乐仍然还在播放着，班卓琴的声音将子弹射击的声音压下去，萨克斯的旋律与街上传来的死人呼号纠缠，钢琴和鼓音盖过了坦克碾过街道的橐橐之声。

在这些战斗的、逃跑的和濒死的人群当中，一个关于背叛革命的传言不胫而走。这个消息仿佛一道闪电，迅速传开了。背叛，背叛，背叛！人们口耳相传，一张嘴到另一张嘴。谁播下了这粒种子？

在那些尚且未被子弹光顾的空地上，激动万分的人群紧紧簇拥在他们的演说者周围。谁是叛徒？所有人的嘴唇都吐出一个字母：Y。Y在耳语，Y在喃喃，Y在大喊，但Y又在哪里？

“美元”“英镑”和“银两”已经互相道别，各自走上了自己的路。仿佛他们的目的已经达到了一般，他们在崩溃的革命人群中高呼着Y的背叛，这件事情他们心知肚明，他们要把这个叛徒永远钉在耻辱柱上。现在看来，他们只有一个目的还没有达成：把人民掌控在自己的手里。革命的失败和叛徒的失败已经板上钉钉，但是他们自己又该怎么办呢？

所有人终止了战斗，他们失望、愤怒，充满报复欲望。现在，他们要搜查，搜查叛徒Y，在他们后面，就是挥舞着橡胶棒的印度骑兵。

“美元”“英镑”和“银两”再次碰了头，一起逃离了这里。他们跑到了王先生的酒吧门口，寻求庇护和安全。但是王先生已经把龙旗降了下来，有意思的是，他的房顶上现在重新飘扬起了米字旗。这三个小伙子，则被他拒之门外。

现在，在这个潮湿的平房里，只剩下Y和马娜两个人了。打印机早已经停了下来，无数的宣传册子毫无意义地撒了一地。

马娜质问：“你背叛了，背叛了我和我的事业。”

Y没有为自己辩护，他只是回答道：“我们已经走到尽头了，不失为一件好事。”

马娜绷紧的神经一下子松弛了。她再也无法承受那些可疑的猜想、反目的怀疑和痛苦的未知了。这个男人已经没什么值得她期待的，也没有好要求的了。一切都已经结束了。她感觉得到。但是，在她彻底脱身之前，她想明明白白地离开，这是她对他唯一的、最后的要求。

如她所愿，Y告诉了她答案，最终让她明白和确信了这一切。他谈到了莉莉安，谈到了文件，谈到了自己，他坦承了所有的事情，带着阴郁的优越感，冷静冰冷得可怕。他没有为自己辩护一个字，不期待理解，不要求慷慨。

马娜无话可答。所有痛苦的感受都从她身体里消失了，不再怨恨，没有不安，毫无揪心的痛楚。她唯一能感受到的，就是这种经历、这种同情，巨大而压抑。这个事实让她变得坚定和冷硬起来。当她要求他在那群愤怒的群众找来之前离开这儿的时候，她一丝波动都没有。

Y和她一起逃走了。在他们身后，就是愤怒的报复，他们穿过堆积如山的垃圾和血流成河的街道。Y感觉到，那些死去的人仿佛在朝他挥舞着破碎的拳头一般。尽头和死亡像幽灵一样狞笑着，从每一个缝隙和裂痕里伸出手来。在火焰和死难者的那一边，一个男人的权势正踩在上面飞涨——马林。

Y和马娜跑到了被掠夺一空之后还熊熊燃烧着的寺庙里。和尚、乞丐、病人和老头躺在那里，他们被打死，被踩踏而死，痛呼着，祈祷着，终于获得了祈愿中的涅槃。

Y已经耗尽了所有的力气。他想再看一眼那个女人，那个他所爱的女人，那个让他付出一切的女人！再让他看一眼，然后死在这群穷人、病人堆里，这就是他的愿望。

在碎石和尸体堆积成的废墟里，那个百岁的老者爬了起来，他就在Y的身边。Y毫无羞愧心地站在他面前，听到他说：“在我们争吵的时候，人会变得异常渺小。我们想要的，就是别人的宽容和仁慈，而这其实像一种耻辱。当这种耻辱让人变得不光彩的时候，我们就像在喝一杯苦酒，直到喝光。而这种羞辱的根却扎得更深——深不见底的深。”

说完之后，他重新倒在了废墟之中，咽下了最后一口气。

暴徒的吼叫已经越发逼近了。逃？逃离谁？逃离这些被欺骗的可怜人的报复和仇恨吗？Y看着马娜，这个女人仍然站在自己身边！按照她的行事作风，一言不发、绝不动摇地站着。“马娜，你必须先走，我待在这儿。”

马娜固执地站在原地。

Y大叫：“我已经完蛋了！”

那群恶贼已经近在眼前了，他们一个接一个地朝这边冲了过来。马娜却一动不动。

Y退回到废墟和垃圾堆积而成的台阶上。

突然之间，马娜朝他开了一枪。

她朝他弯下了身子。

她走来——缓慢地，沉重地，梦幻地。

一群印度士兵突然杀出来，突袭了这群迎面而来的暴徒，朝他们挥刀砍去，将他们驱散。

火焰中的宝刹带着雷鸣一般的声音轰然倒塌，将它周围所有的一切都掩盖在了废墟烟尘当中。

沃林斯基，苏联驻上海的使节，此时站在窗前看着外面的

街道。警察，装甲车，救护车……他深思着低下了头，吐出一口烟。金钱，无数的金钱，苏联的金钱，都随着这些血流到了城市的下水道里，当然还包括一丁点儿的荣耀也付诸东流。

他属于这场运动的倡导者之一。他只是做了自己应该做的。他一直都只遵循莫斯科高层官员的命令。他是他们的官员，其余的，什么都不是。兴许苏联还要投入更多的金钱到大海里。他应该考虑些什么呢，他只是莫斯科的一个官员而已。

38

黎明破晓，又是阳光灿烂的一天，但是街道上几乎空无一人。没有轿车，没有电车，更难以看到一辆黄包车。街道四处被封锁，沿途到处都是路障，一团乱麻似的电线绞在一起。废墟，死人，鲜血，巡警。整个城市寂静、疲惫、失败。将近中午，直到太阳已经变成一个白晃晃的灯泡挂在天顶，人们才敢从房子里出来，三五成群走到了街上，但是交通却一直瘫痪着。

马林在上午彻底成为局势的掌控者以及整个上海的统治者。他有条不紊地向市政府作了报告。那些只会说空话的绅士带着半苦半甜的友好姿态接待了他。他们用冰霜一样的声音恭喜他，用酸涩的表情向他表示感谢——以民主的名义。他现在终于变成上海市的警署总长，权力无边，成为一个合法的独裁者。

快到中午的时候，军舰和营房里的军人朝着中国城和要塞进发，警察部队则被解散了。

马林公布了中国城的包围状况。他还牢牢控制着其他地区。一队警局暗探分散在这个城市的各个角落。在这个古老的中国城市中，这些暴徒赤裸着上身，带着闪闪发光的武器出现在那些肮脏的巷道和角落。这个场景让人们想起了东方帝国曾经繁荣强盛的样子。对于这群黄种人的传统观念，马林作出了让步。一旦发现有人在分发共产主义宣传册，就会被就地砍头。但是总罢工仍然没有结束，一方面是政府，另一方面是工会，双方都拒绝谈判。

加里克逊的第一份报纸被一抢而空。这些报纸在街道、咖啡馆和沙龙里随处可见，几乎泛滥。他公布了革命党和苏联签订的担保协议，这个消息就像一颗炸弹一样落了下来。所有的消息在这个新发现面前都黯然失色——动乱，它带来的血腥后果还有革命党领袖Y的死讯，这些都不值一提。接下来的报道则深入挖掘了Y的身世和这场背叛。加里克逊，作为一个成功的生意人，很清楚如何评判这场足以写入世界历史的事件。为了追求一种罗曼蒂克的效果，他这么装饰了这件事：Y，一个混种人，被至高无上的西方文化所吸引，而又因为自己的血统，决定独自承担这份罪责，并为自己赎罪。而他的死，就是对白种人、对伟大的大英帝国那无限权力的支持和声援。

为了把这桩新闻利用到极致，他还准备了好几个版本。在另外一份报纸上，写着的是：Y先生把计划和文件都交给了英国人，但是当那个绅士诈骗他的钱的时候，Y却自杀了。当然，这个版本是专门写给法国人和其他不说英语的人看的。

还有第三个版本：Y爱上了一个英国女人，他为了爱人背叛了革命。加里克逊凭借着本能知道如何来报道这件事，如何取悦女性读者。通过这种方法，他控制住了所有人，大获全胜。

莉莉安等着眼前粗体打印的这份报纸，反反复复阅读着相同的内容。她感觉有什么东西在自己身体里破裂，血管中的血液逐渐凝固成冰块。她变得像铅块儿一样沉重，让她不断下沉，仿佛有一块青铜板砸在了她的头上，把她的身体碾压成碎片。她蹲在奢华的家具面前，蹲在所有让她痛苦和毁灭的地方，蹲在堕落和诅咒的边缘。

革命帮凶被砍下的头挂在人人都能看到的地方示众。打着赤膊、拿着明晃晃铡刀的屠夫出色地完成了自己的任务。“美元”“英镑”和“银两”三个人的头颅也在其中，这三个脑袋被熟练地从躯干上切下来，鼓胀着双眼，嘴巴被贴上了封条，悬挂在三足架上面。

在城外很远的地方，在一排平顶砖房里，停放着那个恐怖的夜晚死去的人的棺材。二十多个尸体挤在逼仄的空间里，遵照这儿的习俗，死人面前还供着饭菜酒水——在这个国家，死去的人总是过得相当优渥。

这些尸体躺在那里，一个个都骨瘦如柴、形容枯槁，关节僵硬地蜷着，目光僵直，玻璃球一样的眼珠已经变成了蓝黑色。男人、女人和孩子，这些尸体都是人们从那座倒塌的寺庙里面挖出来的，有的脸已经被毁得看不清原来的面貌。

看守尽忠职守地扒拉着死人面前的贡菜，仿佛这群尸体确实有着相当不错的胃口，至于那些捐给遇难者的钱，在当天晚上就进了官员们的荷包。

马娜在一天夜晚摸到了这里。此前数日，她都成日成夜地四处游荡。她去了港口，去了那些阴暗肮脏的小巷、地下酒吧，一刻未停，不得安宁，像个没头苍蝇一样，迷失了自我。她想要乘船离开，随便去哪里，这个世界上的任何地方都好，苏联、美国，只要离开这里，逃离这个地狱就好。在苏联驻沪领事馆里，人们出于谨慎，都不再和她说话，甚至干脆地将她拒之门外。

她想要找一个朋友、一个同志或者可信的人，但一切努力都是徒劳。他们要么被砍了头，要么逃走了，要么躲了起来。那些代表劳动者利益的人，或者主张谈判的人，不为布尔什维克所容，现在他们通通成为人人喊打的流亡暴徒，故步自封的自由运动领袖不屑于与他们为伍。

她就这样一路走来，饥肠辘辘、筋疲力尽地溜出了城，踉踉跄跄地来到安放尸体的地方寻找Y。

她在死人堆里找了好几个钟头。那些陌生的脸，在她眼里每一张几乎都一模一样。无数陌生人。没有任何标志能够透露一些Y的信息。Y的脸，已经难以辨认了。

失魂落魄，走投无路，她拖着疲惫的脚步回到了城里，进了涅瓦饭店。她现在对于人多的地方有一种恐惧感，见到眼前的热闹场景忍不住想要转身离开，但是已经来不及了。她被人用力按在了一张凳子上，她面前的桌子前是一大群1914年革命之前的俄国资产阶级和达官贵人，还有这次黯然失色、注定失败的革命领袖，他们都是从苏联契卡无处不在的追捕中逃到这里的。现在，马娜也坐到了这里。一个声称自己和最后一任沙皇有亲缘关系的老军官掏腰包让她吃了晚饭，让她陪自己过夜。此后，马娜每天晚上都在涅瓦饭店度过，她至少不必饥肠辘辘地露宿街头了。

总罢工仍然没有结束，但人们已经开始期待着能够在短期内进行调解，双方已经开始接洽谈判，互相作出妥协。在这个国家的其余城市里，罢工革命带来的影响已经越来越明显了。为了控制局势，政府开始封锁上海和其他地区的联系，紧紧控制着人群。

在这个城市，一场新的风暴已经黑压压地在天边酝酿了起来。弱小的公司几乎撑不过夜，其余的也大受震撼，甚至变得岌岌可危。证券交易不可避免地走向崩溃，股票迅速贬值到一文不值。无数人一夜破产、流落街头。领事馆大受冲击，无数外国人要求返回自己的祖国。还有一些人已经选择了饮弹自尽。剩下的无数人抛售着自己仅剩的财产，沉迷于迷幻药、烈酒和犯罪。女人则毫无顾忌地脱下衣服去做应召女郎，妓院前所未有地繁荣起来。王先生关了自己的小酒吧，运用自己在租界的关系，出现在了庆贺典礼上，恭喜他的老房客马林如今的成就。他得到了开妓院的许可，很快在这个领域成为首屈一指的富人。

基德培养了一大群属于自己的代理人，他们现在四处收购证券股票，让整个股市呈现出一片虚假的欣欣向荣的气象。同时，石油和棉花的价格也一路飙升——显然也是这位商人有意为之。这个操盘手和他的伎俩瞒不了多久就公之于世，而大部分股东在第一阶段的慌乱当中就尽可能地抛售了自己手里的股票，基德的行为让这群如今走投无路的人暴跳如雷。贫穷、毁灭、痛苦——一切都可以克服，但是他们绝不容忍自己被人愚弄！上当的人们开始朝着证券大楼聚集，他们所有的怒气都集中到了基德身上，所有人气急败坏地辱骂和威胁着这个证券帝王。而这一切的缔造者——基德先生，避开所有人的耳目来到了证券大楼里。他开始担忧起眼前的局势来，这些被逼得狗急跳墙的投机商现在正在盛怒之中，他们会变得越来越危险，越来越无所顾忌和残暴，就像那些闹革命的暴徒一样。

基德本人就在交易所大楼的消息没能隐瞒太长时间，这个传闻不胫而走，就像一点火星出现在荒原上，很快变成燎原的大火，从走廊上、过道里、楼梯间，一直传到了大街上。所有人冲了进来，从底楼找到顶楼，搜遍每一个角落，而基德在几个职员的帮助下藏了起来。他要逃出这栋房子、这个地狱，钻到自己的轿车里离开这儿！他生平头一次感受到了濒死的威胁，生平头一次有求于人，依赖着陌生人的帮助和慈悲之心！这样的念头在他脑子里一刻不停地叫喊着，他疯了似的想把这些想法从脑子里扔出去！基德战栗着跑到后门，从这里逃出了大楼，跳进了自己的轿车里。他把等在里面的司机推下了车，自己坐到了驾驶席上——把自己的命交给谁都不如掌握在自己手里来得可靠！他猛踩油门，把那些挥舞着拳头追过来的人远远甩在了后面，他在城市的大街小巷里绕来绕去，最终往北京路的方向而去，往他的堡垒而去！

这群疯狂的游行者很快有了自己的目标和口号——去基德的“皇宫”！人们往北京路冲去，一路上，队伍中又混进了三教九流、见不得人的社会渣滓。现在这样，甚至和当时的革命队伍没有差别！

但是警察却袖手旁观，看着这出惨剧发生。马林还有时间。只有当这座豪宅里传来基德的呼救声时，他才会出手——不过现在，他暂时只需要作壁上观。

北京路。基德刚刚走到自己的庄园门口，街道上已经涌来了黑压压的人群——大大小小的、穷困潦倒的投机商们，他们从道路两侧包抄过来，里面还有小偷和无数早已堕落的儿童和少年。人群沸沸扬扬，加快了步伐朝这边冲了过来。

基德猛地关上车门，在这条单行道上打了个转，从庄园后面小楼的用人专用楼梯逃进了自己的堡垒之中。他浑身冒着冷汗，双腿直打战，太阳穴突突地跳着，慌不择路地穿过走廊大厅，把用人和秘书推来搡去，叫嚣着谁也听不懂的命令，他冲进了莉莉安的房间，甩上大门。莉莉安被吓得跳了起来，连连后退，一直退到了阳台上。而从阳台看下去，街道上已经聚满了群情激奋、咆哮怒吼着的人。

“关门！”基德狂怒地吼叫道。在这群伸长了手的谋杀者面前，他急需保护自己。

大街上，那些被毁灭的、被欺骗的人的怒吼汹涌地拍打着这座堡垒，挥舞着拳头和棍棒敲打着铁门上的铜链条和门轴。所有人都想冲进来找这个欺世盗名的骗子算总账。但这个冷血的、不可战胜的男人却卑鄙地跑进了自己情人的房间。他现在是多么无助！因为没有人会给他一丁点儿帮助！他现在一无所有了，再也没有什么权力能给他提供庇护。他伸出手，乞求似的伸向莉莉安索取帮助，他的手想要抓住她——这只汗津津的、神经紧绷的手。

莉莉安的眼里燃起了熊熊怒火，她那满脸的麻木突然消失了。她用力抓住这个男人，把他往阳台上拖拽。他应该滚出去，把自己交出去，毫无立足之地，面对下面人的愤怒和憎恶。对，没错！她想把这个人扔到人群里面去！

她和基德缠斗着、抗争着，就像那些夜晚——那些他喝醉了爬到她身上，而她绝望地想要逃避的夜晚！她想逃进深夜，逃进那些没有尽头的丛林，逃进那些日子……逃去那个人身边，逃到马林身边！这整整一年中，将她毁灭的一切东西现在都爆发了出来。她必须得说：这个男人，就是把她驱赶到昏暗灯光下，驱赶到歧路上，驱赶到穷人堆里让她走投无路的人。马林——现在正在庆祝着自己凯旋的男人，曾经把她从危急关头解救出来，占有了她。但他为了自己往上爬，欺骗了她，把她逼到自己的床上，甚至逼到基德的床上！现在，他乞求着她的原谅，在她那毁灭般的愤怒之中又羞愧地把自己藏了起来。紧接着，Y 来了。他带来的巨大冲击几乎让她再也无法振作起来。爱，满足感——她什么也做不到了。她整个人已经被侵蚀一空，被毁灭的渴望占据了。所以，她背叛了 Y，毁灭了 Y。她已经全然抛弃了自己，毁灭了自己。

莉莉安积聚的、克制着的情绪仿佛找到了出路，它们涌动着、呼啸着、奔腾着，争先恐后地从她身体里跑出去。一切都脱节了，一切都陷入了混乱之中，她被毁灭、被释放，没有冲突，没有控诉，没有吹毛求疵，只有现实，唯独现实，不留情

面又僵滞地摆在面前，正如她的生活和她的命运。所有的一切都从莉莉安身上爆发了出来。她开了口，说到了自己的母亲——那个她避之不及的女人——不，不是因为厌恶，而是因为深深的耻辱。但她爱她，她爱这个可怜的、卑微的女人。

基德有些畏惧，甚至恐慌起来，他死死盯着莉莉安，仿佛眼前的已经不是一个“人”！恐惧和畏缩悄然窜进了他的脑子。大街上的那些人在反抗着他，这里站着的人，也变成他巨大的敌人！

人群朝着这座城堡涌过来，人们试图用铁橇和斧头劈开大门，用石头砸穿窗户。一切都在当当啷啷地响，一切都在破碎炸裂。人们的激动情绪不断高涨。

玛贝尔夫人激动而绝望地站在门边。她冲过去一把抱住莉莉安，圈住她的脖子，带着眼泪亲吻她，又一边痛骂着自己的丈夫。

基德没有理会她，他思考着：马林现在所建立的新独裁正是冲着自己而来的，这个法国人想要打败他，他对于现下的这场骚乱丝毫不加以阻止。呵，马林，这个往上爬的人……如果还想保住自己的脑袋，他现在没有时间了。他下定决心，朝着莉莉安走去。她现在必须给马林打电话，要求他保护这栋房子！玛贝尔恳求着自己的女儿，把莉莉安拽到了电话前。

城堡的底楼传来炸弹爆炸的声音，墙壁来回颤动着，仿佛马上就要坍塌。这个年老的女人大叫着朝自己伸出手，莉莉安的嘴角微微颤抖着，她看着这个不幸的女人。为她做点儿什么吧——莉莉安的脑子里做着艰难的斗争。她无从选择，闭上眼睛，用力抿了抿嘴唇，拨通了电话。

几分钟之后，北京路上的骚乱人群就被肃清了。一小时之后，基德先生再次坐到了那张伯爵的高背椅上，嘴边挂着一个大大的、满足的笑容。把他的亲信召集过来，在自己的办公室和他们联系，他喝了一口威士忌，吸着他那味道刺鼻的雪茄，工作了起来。他时不时想到了莉莉安和她的生活——一幕幕从他眼前划过，让他不由得失神。直到他周围的人都注意到基德的心不在焉，他才重新回过神来。这还是头一次。

39

马林开着他的塔波特穿过宝昌路，停在了基德的豪宅门口。基德府上的用人站在路边，夹道欢迎这位警署总长。他一路走进了这栋洋溢着友好、好客气氛的别墅，步伐轻快如羽毛，带着独裁者的肯定和自信。

莉莉安站在满布灯光的露台上接待了马林。她举止落落大方、简单明了，显然已经做好了迎接他的准备——她知道，马林不可能缺席今天的晚会。对于这两个人来说，今天的局面都并不轻松。他们中间隔着太多的事情，即便两人都想要跨过去，但仍然难以克服。在最近的几周里，双方都避免与对方见面。他们都已经偏离了原本的道路，被冲刷上了河岸，被迫要走完这一程路。现在，目的已经达到了，但是没有人对这个结果感到满足。

马林抹去了一切回忆，他站在那个自己梦寐以求的位置，但是却和前任总长不同，他如今手握更大的权力，更加不受限

制，更加安稳。他能够决定是否与人维持联系，抑或断绝往来。这是他生命中的一部分。一个微贱的冒险者，一个卑下的警局探子，一个年轻富有的女人的情人，不服输地往上爬的战斗者，身价不菲的名流，秘密警察的总管，辖区有力的竞争者，上海的警署总长——这些片段、插曲和图像，都是他生命中的一部分。那么现在，他又应该从何开始？

马林打量着莉莉安。她变了，和他们认识的时候不一样了。她对他而言，成了一个全新的、陌生的女人——他已经很久没有听到她的声音了。

那天莉莉安给他打来电话，向他请求庇护和帮助的时候，马林难以自持。他必须认真地听，才能听清她那颤抖、嘶哑的话语。他冲动地作出了决定，帮助了基德，这个他一心想要拖垮、废掉的男人脱离了生命危险。莉莉安闯进了他的计划当中，让他生平头一次听凭了自己的心意和性情。

现在，他的目光牢牢地锁住了她。他紧闭着双唇，她的每一个动作、每一个目光、每一句话和脸上最细微的表情，都让他浑身战栗。她不再是那个睁着狡黠的大眼睛的少女了，也不是那个被他占有时含苞待放的少妇了。她身形没有那么圆润，皮肤没有那样玫瑰色的光滑色泽。她变了，变得更有魅力，更具诱惑，更令人疯狂。她还没有老，没有变得可憎和贫乏，而是在彻底变为灰烬和炉渣之前，绽放和燃烧着自己的生命之光。

“她会死于对男人的渴望，而不会得到满足……”Y曾经对他说过这样的话——哦，那么她在这冗长缓慢的死亡过程当中，是多么美丽！

马林已经认命地为她倾倒和折服，他愿意为了自己的恶行赎罪，为了让她回到自己身边，他愿意付出一切！莉莉安却仍然维持着冷如冰霜的拒绝和防备。他什么都不能做，他无法消除他们中间的巨大鸿沟和隔阂。

莉莉安笔直地坐在那儿，他仍然为她所诱惑和吸引，但她早已看开了一切。她的思绪已经不在这里，不再追究原因，不再探寻和思考任何事情。她的身体已经被蛀空，变得如同荒漠一般贫瘠、冰冷和空虚。

他们一直坐在一起，直至傍晚，天空的云层已经被烧成紫红色，夜色从地平线上爬起来。两人不知疲倦地谈论着无足轻重的事情，接着陷入沉默和等待。他们说得越多，就越发无趣；他们越是无趣，就说得越多。对话消散在风里，两个人却变得如此寂寞和孤独，他们总算已经走到了尽头。

马林终于爆发了。外边就是酒吧、宾馆和夜店，外边有无数的社交应酬和阿谀奉承。但是在这里，什么都没有。他已经付出了这么多的期待，尽管感到失望，却没有施加任何压力。他离开了基德的别墅，回到了城市之中。

40

女人在囚笼里陷得越深，就越是绝望和坚韧地抵抗着自己的命运。国际社交圈子炙手可热的女郎，廉价的港口女劳工，无论是白人还是黄种人，她们都是姐妹，在这个被粉饰得鲜艳夺目的苦难中挣扎。

莉莉安一个人坐在露台上，被夜色的阴影笼罩着，她已经不去琢磨什么争斗了。在她生命中，她头一次感受到了一种惬

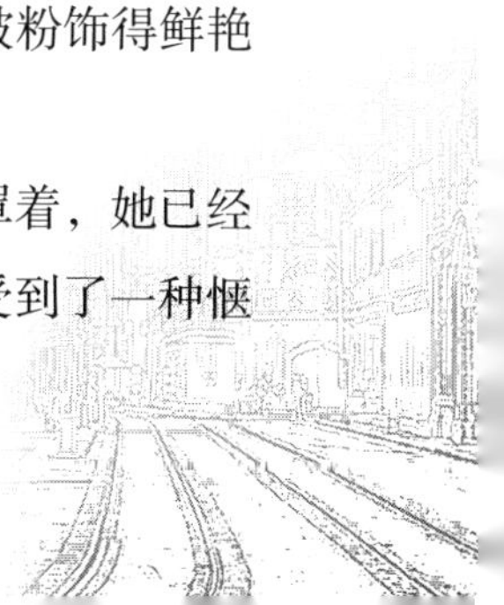

意的孤独感。极乐冲刷着她，那是一种宁静的极乐欢喜。她渐渐地陷入了沉思，不再回忆那些热血或者灵魂，她只是带着清醒的理智在思考，在脑子里做清楚透彻的计算题。她斟酌着：我从来就不是一个孩子，也不曾拥有青春。在我还没有开始真正的生活之前，就已经深知生活的本来面目。我现在变得像那些让我恶心的人一样可憎了。我的脸不过是一张面具，我这年轻柔软的身体也不过是一个谎言，我早已变得衰老憔悴！我身体里还剩了些什么东西？一片贫瘠的沙漠，一个燃烧得光秃秃的荒原！我和这个世界又还有什么联系？我第一次委身的男人，如今在功名利禄中仿佛恶鬼一般眨着眼。从童年时期就开始掌控着我的男人最终也粗鲁霸道地占有了我。但是，我所爱的男人，已经死了。我的母亲也不会活到最后——她倒是表现得像个英雄！其他的人呢？我不想去思考那些在我生命里来来去去的人了。我也无心去想我变成了什么样的人。一笔清清楚楚的账？不完全是。一个人欠下的债，比他还要活得长久。就是这样。这样的生活，我要选择结束还是继续。继续？那么我不得不和生活作出一些妥协。我会这么做吗？不，我再也不想承受任何一丁点儿不清不楚了。

莉莉安站起来走，回了自己的房间。她换下衣服，离开了这里。她的轿车停在门口。一个阴暗的人影朝她走了过来——一个女人。莉莉安既不畏惧也不害羞，她站在原地，探寻地看着那张在黑暗里越来越近的脸：一双明亮的眼睛，灼灼燃烧的目光，厚实的、颤抖着的嘴唇，脸颊瘦削得令人同情。莉莉安还看到了这个女人的衣服。她逐渐明白过来，是那个鞑靼女人。她想起了她们头一次碰面的情景。这个可怜的女人沉默地站在那儿，莉莉安想和她说些什么。但对方陷入了沉思，没有回应。就像上次在北京路上一样，莉莉安敏捷地跳上了驾驶席，发动了马达，迅速地消失在了夜色之中。被她抛在原地的马娜将手伸进了口袋中。

她想将自己所有的苦难都报复在这个消失的女人身上——这个年轻漂亮的女人，这个让她和那个男人还有很多人陷入绝境和毁灭的女人。马娜尖叫了一声，将手中的武器往前猛地扔了出去。但是这把枪自己爆炸开来！当啷一声，从远处传来了一声回音，久久地回响在无边无际的夜色之中——这声沉闷的射击仿佛某种回应一般。马娜沿着昏暗的街道走过去。就在前方——那辆想要飞驰逃离的轿车停在马路中间，马达停止了运转，车灯闪烁着。马娜静静聆听着，她知道自己又再次陷入了某种境地！真是折磨人的沉默！她迟疑着，往前迈了几步，转过身来围着车走了一圈……就在驾驶席上，莉莉安僵硬地、一动不动地倒在了那里。她的头偏向了一边，一只手抓着方向盘，另一只手无力地垂了下来。马娜屏住呼吸，静静听着，从方向盘上拉下那只手——它落了下去，整个身体也翻倒在一旁。马娜踉跄着退了几步。当她听到远处传来的马达声的时候，她惊惧不已，仿佛被跟踪一般逃离了这里。

这辆轿车孤零零地、迷路般地，横在了马路当中。

第二天，莉莉安·碧雷斯小姐的死讯铺天盖地，写满了整张报纸。加里克逊先生受到基德的邀请，带着复杂的感情来到他的豪宅中——现在重新回到权力顶峰的基德先生又再次在这儿完成了他的工作。加里克逊带着担忧和不确定上了楼，经过

通报之后走了进去。

这个可怜而衰老的商人蜷缩在那里。他周围是脚步仓促的人群，打字机一刻不停的嗒嗒声，扬声器、电话、电报的嗡鸣声和铃声。繁忙的业务在他周围咆哮着、轰鸣着、嗒嗒嗒地进行着。绿票子闪闪发光，卖力地推行着自己那粗鲁的权力。

基德半掀眼皮看了一眼走进来的人，他迟缓地坐起，挣扎着重新站立起来，仿佛喝醉酒一样晃晃悠悠走到加里克逊面前，伸出了手。他声音含糊不清，大声嚷嚷着生意上的事。

加里克逊仿佛看着一个怪物一样看着他，不敢把话题移到私事上面来，两人都一本正经地谈论着生意。会谈结束之后，加里克逊察觉到自己今天表现得像一个糟糕的生意人一样，落入了基德的圈套。他心中没有基德那样巨大的痛苦，但他像基德一样承担了这份痛苦；而这份超人的，甚至已经非人的权力让他已经迷失了。他烦躁地离开了这儿。基德还在他身后的房子里发布命令，抽烟，酗酒，工作，汗流浃背，毁灭一切。

夜晚，在玛贝尔夫人的房间，女仆问：“尊敬的夫人，今晚您去哪里？”她吃力地站了起来，顽固而神志不清地叫嚷道：“去欧洲宾馆！”她拖着沉重的步伐往前面走去。

一切还没有结束。

今晚大罢工停止。人们如潮水一般重新涌回了工厂码头，仍旧在破旧的船只里爬来爬去。机器重新运作，城市再次被灯光和色彩填补。